Gerhard Brünner · Peter Beck · Neue Wasserpflanzen-Praxis

Bodengrunddünger: Dynophyll

Tetra

Gerhard Brünner · Peter Beck

Neue Wasserpflanzen-Praxis

Tetra

TetraWerke Dr. rer. nat Ulrich Baensch GmbH
4520 Melle 1, Postfach 1580, W-Germany

1.–3. Auflage von Gerhard Brünner, Hamburg.
ab 4. Auflage überarbeitet und erweitert von
Gerhard Brünner, Hamburg (Pflanzen: Arten, Beschreibung,
Bewertung, Pflege, Tabellen, S. 68–185) und
Peter Beck, (Biotope, Allgemeine Kulturfragen, Algen S. 9–68).
6. überarbeitete und erweiterte Auflage 1990 (67 501–74 500)

Satz: Ernst Knoth, Melle
Druck: Küster-Presse-Druck, Bielefeld

ISBN 3-89356-107-2

INHALT

Mit dem Indischen Rotweiderich *Rotala macrandra* (Seite 94), lassen sich farbliche Akzente in der Unterwasserlandschaft setzen

Das Wasserpflanzen-Aquarium – ein erfüllbarer Wunsch

Die Wasserpflanzen sind seit vielen Jahren stark in das Bewußtsein der Aquarianer vorgedrungen. Früher sah man Wasserpflanzen allenfalls als eine Dekoration für das Aquarium an, in dem die Fische eindeutig Vorrang hatten. Inzwischen ist allgemein bekannt, daß für ein ausgewogenes Aquarien-Milieu ein gesunder, voller Pflanzenwuchs eine wichtige Voraussetzung ist.

In den vergangenen Jahren haben wir immer wieder viele Briefe von Auqarianern erhalten, die Probleme mit ihrem Pflanzenwuchs im Aquarium hatten. Oftmals mußten wir feststellen, daß es im Grunde nur Kleinigkeiten waren, die den Traum von einem schönen Pflanzen-Bekken unerfüllbar erscheinen ließen. Nicht selten war die Mißachtung von einfachen Grundregeln dafür verantwortlich, daß der Mißerfolg mit den Pflanzen im Aquarium schon vorprogrammiert war. Durch neuartige Düngemethoden und durch die Entwicklung neuer technischer Geräte wurden die Probleme gelöst, so daß die Pflege von Wasserpflanzen kaum noch Schwierigkeiten bereitet.

Die „Neue Wasserpflanzenpraxis“ von Gerhard Brünner und Peter Beck ist aus dem erfolgreichen Buch „Kleine Wasserpflanzenpraxis“ von Gerhard Brünner hervorgegangen. Die vorliegende Ausgabe wurde wiederum völlig neu überarbeitet. Es wurden viele neue Pflanzenarten aufgenommen, so daß jetzt über 90 Arten beschrieben sind, bei denen der Leser ausführliche Haltungs- und Pflegeanleitungen findet. Hierbei fand auch die neue Nomenklatur Berücksichtigung.

Besonders hervorzuheben sind auch die ausführlichen Beschreibungen von Wasserpflanzenbiotopen aus drei Erdteilen. Gerade diese Biotop-Beobachtungen lassen praktische Rückschlüsse auf die erfolgreiche Haltung von Wasserpflanzen im wissenschaftlichen Labor-Erkenntnissen stammen.

Wichtig für den Aquarien-Liebhaber ist auch, daß das Thema „Algen“ umfangreich und praxisnah behandelt wird.

Dieses Buch beantwortete alle Fragen des interessierten Aquarianers über Wasserpflanzen. Es wird dazu beitragen, daß die Wasserpflanzen den ihnen gebührenden Platz im Aquarium erhalten und damit zum Erfolg des Aquarianers wesentlich beitragen. Wasserpflanzen-Aquarien sind schöne Aquarien, und schöne Aquarien machen mehr Freude.

Gerhard Brünner · Peter Beck

Der Sumpffreund *Limnophila sessiliflora* ist eine problemlose dekorative Stengelpflanze

Warum Wasserpflanzen im Aquarium?

Die Faszination eines attraktiven Aquariums, in welchem sich gesunde Fische und Pflanzen als natürliche Einheit präsentieren, zieht jeden Beschauer sofort in seinen Bann.

Gerade der optische Eindruck, die Harmonie und die Ruhe, welche ein solch dekorativer Natur-Ausschnitt ausstrahlt, lassen immer mehr Menschen in unserer hektischen und ruhelosen Zeit zur Aquaristik finden.

Ob groß oder klein – ein Aquarium läßt einem Freund dieses herrlichen Hobbys genügend Spielraum für Kreativität und gestalterisches Können. Ein harmonisch

Der Zusammenfluß des Rio Meta (Weißwasser) in den Orinoko (Schwarzwasser). In der Luftaufnahme ist deutlich die unterschiedliche Färbung des Wassers zu erkennen.

wirkender Zimmerschmuck, in welchem Fische und Pflanzen gleichermaßen gut gedeihen – das ist der Wunsch der meisten Aquarianer.

In einem solchen Wunschaquarium sind die Wasserpflanzen weit mehr als nur attraktives Dekor; sie stellen eines der bedeutendsten Elemente in der biologischen Einheit „Aquarium" dar. Sie haben in diesem System wichtige, kaum ersetzbare Aufgaben zu erfüllen. Sie reduzieren schädliche Stickstoffverbindungen und wirken damit entgiftend. Wasserpflanzen sind biologisch äußerst wertvoll durch ihre das Milieu stabilisierende Wirkung. Weiter dienen sie als lebensnotwendiger Sauerstofflieferant für Fische und andere Lebewesen (Mikroorganismen).

Der Sauerstoff dient im Aquarium dem gesunden Wachstum und der Vitalität aller Pfleglinge. Auch die meisten Mikroorganismen, ohne die kein Aquarium funktionieren kann, sind auf den lebenswichtigen Sauerstoff angewiesen. Das Wachstum und die Vermehrung dieser Organismen sind sauerstoffabhängig. Der oxidative Abbau von Schadstoffen, das Redoxpotential, die Wasserqualität, ein gesunder Bodengrund und die Verfügbarkeit von Mikronährstoffen für die Wasserpflanzen, werden von der gebotenen Sauerstoffmenge beeinflußt.

Wie produzieren Wasserpflanzen Sauerstoff?

Durch die sogenannte Photosynthese: Pflanzen können in ihren grünen Blättern – mit Hilfe von Licht als Energiequelle – aus Wasser und Kohlendioxid organische Substanz in Form von Kohlehydraten erzeugen. Dabei wird Sauerstoff freigesetzt.

Man nennt diesen Vorgang Assimilation oder umfassender die Photosynthese. Nachts – also nach dem Ausschalten der Energiequelle „Licht" – wird dieser Vorgang gestoppt und übrig bleibt lediglich die Atmung der Pflanzen. Dabei nehmen diese O_2 auf und geben CO_2 ab. Man spricht hier auch von Dissimilation.

Sofern wir die Lebensbedingungen der Aquarienpflanzen optimal gestalten, produzieren Wasserpflanzen tagsüber Sauerstoff in einem solchen Überschuß, daß die durch die Atmung der Pflanzen verbrauchten Mengen kaum ins Gewicht fallen.

Die Iguaçu-Fälle. Die Grenze zwischen Argentinien und Brasilien.

Die Wasserpflanzen und ihre natürlichen Biotope

Eine biotopgerechte Wasserpflanzenpflege ist im Aquarium kaum möglich. Das vielfältige Aussehen und die kontrastreichen Farbtöne der Pflanzen lassen schon rein optisch, auf unterschiedliche ökologische Faktoren in den Ursprungsländern schließen. Auch die speziellen Ansprüche der einzelnen Pflanzen an das Wasser, die Beleuchtungsintensität, die Nährstoffzusammensetzung und an den Bodengrund, machen es notwendig, daß die natürlichen Biotope eingehend untersucht werden. Die genaue Kenntnis der ökologischen Anforderungen der Pflanzen erlauben es der Industrie, nützliche Produkte auf den Markt zu bringen, welche es jedermann ermöglichen, Wasserpflanzen erfolgreich zu kultivieren.

Die folgenden Seiten sollen Ihnen ein Bild von den natürlichen Standorten der häufig gepflegten Wasserpflanzenarten – aus drei Erdteilen – vermitteln.

Sehr viele Wasserpflanzen stammen aus Südamerika; quer durch den ganzen Kontinent, also von Kolumbien bis Brasilien sind sie im Wasser und in unmittelbarer Nähe der Gewässer zu finden. Ausgesprochen arm an Wasserpflanzen sind die sogenannten Schwarzwasserflüsse und Bäche dieser Regionen. Im Klar- und Weißwasser findet man begehrte und beliebte Arten. Noch längst sind nicht alle Gebiete restlos erforscht und ganz sicher erwarten den Wasserpflanzenfreund noch manche Neuheiten und Erstimporte. Durch die Erschließung und Nutzbarmachung weiter Landstriche Südamerikas werden aber auch ganz sicher natürliche Biotope verändert und zerstört, was immer zum Verschwinden der Wasserpflanzenflora führt. Um so wichtiger ist die Arterhaltung durch die Botanischen Gärten, Wasserpflanzenzuchtbetriebe und letzten Endes auch durch Aquarianer. Leider setzt die Natur der Kultivierung von „Spezialisten" unter den Wasserpflanzen Grenzen. Ein Beispiel sind die in den Wasserfällen von Icuaçu wachsenden Pflanzen aus der Familie der *Podostemaceae*.

Aufgrund ihrer besonderen Anpassung an ihren typischen Biotopen – also an Wasserfällen – kann man sie nicht im Aquarium mit Erfolg pflegen. Stark anpassungsfähig an eine veränderte Umwelt sind die sehr häufig gepflegten *Echinodorus*-Arten. Sie sind großen Wasserschwankungen in den tropischen Regionen ausgesetzt. *Echinodorus*-Arten wachsen submers (unter Wasser), wenn die Regenzeit zu Überflutungen der Bäche und Flüsse führt, in der Trockenzeit lange noch im Sumpf und zuletzt im nahezu ausgetrockneten Boden emers (über Wasser) mit veränderten, der emersen Lebensweise angepaßten Blättern.

1

2

3

Mastig und gesund wachsender *Echinodorus* (1) Unmittelbar vor den Iguaçu Wasserfällen. Das Wasser ist 27° C warm und durch die vorangegangenen Regenfälle sehr stark mit eingeschwemmtem Eisenoxid angereichert. Der Bodengrund besteht aus Schwemm-Material und ist hier sehr reich an Nährstoffen und Spurenelementen. Eine Lichtmessung ergab bei bedecktem Himmel noch 35 000 Lux.

***Cambomba schwarzii* (2 und 3) aus einem Biotop in der Nähe von Manaus (Brasilien). Flutend wachsend mit Schwimmblättern und Blüten. Der hohe Eisengehalt des Wassers ist sehr gut zu erkennen. Aber auch alle anderen Nährstoffe, wie Mangan, Ammonium, Phosphat und Kohlendioxid (CO_2), waren im Überfluß im Wasser enthalten; wie die Wasseruntersuchungen vor Ort und im Tetra-Labor ergeben haben.**
Weitere Wasserwerte: KH 1° dH, pH 6,0 40 μS (μS Abkürzung für Mikrosiemens = Leitfähigkeit des Wassers) und 80% Sauerstoff. Wie lichtbedürftig *Cabomba*-Arten im Aquarium sind, läßt die Natur erahnen; 40 000 Lux wurden an diesem Standort am frühen Vormittag gemessen.

1

2

3

In den Altwassern und Nebenflüssen des Rio Solimoes (3) (Amazonas) gibt es noch viele Wasserpflanzenbiotope mit dichten Beständen von Wasserhyazinthen, *Eichhornia crassipes* (1–2). Man findet diese Pflanze in allen Gegenden der Tropen. Sie benötigt sehr viel Licht zum Wachsen. Standortmessungen ergaben meist 35000 bis 45000 Lux. An diesem Standort wuchsen sie zusammen mit *Victoria amazonica* (3).

1

2

Die „Azurblaue Wasserhyazinthe", *Eichhornia azurea* (1 und 2) finden wir recht häufig, u. a. in der Nähe von Rio de Janeiro und auch im Rio Paraná. Beide Wasserhyazinthen sind an ihren Blüten und der Wuchsform gut zu unterscheiden.

Interessant für das Aquarium ist die untergetaucht wachsende Form von *Eichhornia azurea*. In zwei Reihen sitzen die linearen Blätter am Stiel der untergetauchten Pflanze. Im Aquarium wirkt sie wie eine hellgrüne „Feder".

1

In einem kleinen Nebenarm des Rio Solimoes nahe Leticia (4) findet man im feuchten Ufer den „Südamerikanischen Wassernabel" – *Hydrocotyle leucocephala* (2), *Ludwigia sp.* (3) – und ganz überraschend noch den „Schwimmenden Wasserhornfarn", *Ceratopteris pteridoides* (1). Auch an diesem Biotop war die Nährstoffversorgung gesichert und viel Licht (30000 Lux) garantieren während der Trockenzeit guten Pflanzenwuchs.

2

3

4

1

2

3

Leticia am Rio Solimoes (3) (Amazonas), der Hafen dreier Grenzen – Kolumbien – Brasilien – Peru – beherbergt noch in seiner nächsten Umgebung viele Wasserpflanzenbiotope.
Mehrere Schwertpflanzen (*Echinodorus*-Arten) (1 und 2) wachsen sowohl in kleinen Restwassertümpeln als auch im Regenwald des oberen Rio Atacuari.

Sickerwasser bringt hier den Nährstoffnachschub. Lichtwerte von durchschnittlich 20000 Lux lassen diese Pflanzen ausgezeichnet wachsen.

1

2

Eine der am weitesten in den Tropen verbreiteten Gewächse ist die Muschelblume, *Pistia stratiotes*. Diese Pflanzen finden wir in vielen Tropengewässern. Die Bilder beweisen es in Südamerika (1) und dann in Westafrika mit *Crocodylus niloticus* (2).
Der Wasserchemismus spielt bei dieser Pflanze eine weniger große Rolle. Lichthungrig wie sie ist, benötigt sie zu gutem Wachstum über dem Aquarium viel Licht, z. B. HQL- oder HQI-Lampen. So beleuchtet gedeiht sie auch im Aquarium ausgezeichnet.
Schwitzwasser (durch Deckscheiben) schadet den Pflanzen.

1

2

In einem Restwassertümpel (2), in welchem auch u. a. Neonfische (*Paracheirodon innesi*) zu finden sind, wuchert ein tropischer Wasserschlauch (*Utricularia sp.*) (1) und zeigt auch seine gelben Blüten.

Viele Pflanzen müssen mit wechselndem Wasserstand (10–15 m mancherorts) während der Regen- und Trockenzeit fertig werden.

1 

2 

3 

Im Tal des Rio Magdalena (3) (Kolumbien) finden wir noch weitere Schwertpflanzen (*Echinodorus*)-Arten, in der Trockenzeit emers (1 und 2) wachsend. Diese Biotope sind leider sehr gefährdet, denn das fruchtbare Magdalenatal wird immer mehr landwirtschaftlich nutzbar gemacht und mit Bioziden belastet.

1

2

Die Nährstoffversorgung tropischer Wasserpflanzen wird durch ideale Nährstoffquellen (Sickerwasser) sichergestellt. Weltweit sind die nährstoffreichen (u. a. Fe) Sickerstellen in der Nähe von Wasserpflanzenbiotopen zu finden. So auch hier in Kolumbien am Rio Meta (1).

In der Nähe von Itacuara (Brasilien) aufgenommener Biotop von *Ludwigia helminthorrhiza* (2), Wasserhyazinthen, *Eichhornia crassipes*, und dichte Bestände von Moosfarn (*Azolla*). Die Blätter dieser Arten sind rot gefärbt; das läßt auf hohe Lichtmengen schließen.

1

2

Auch in den sogenannten Llanos Kolumbiens, nahe dem Rio Meta (1), kann man interessante Wasserpflanzenbiotope finden. Im Klarwasser des Rio Muco finden wir eine Gruppe von Zwergschwertpflanzen, *Echinodorus quadricostatus* und *Echinodorus sp.* emers (2) sowie submers wachsend und das „Grasblättrige Trugkölbchen", *Heteranthera zosterifolia* (emers). Die KH beträgt 1° dH, der pH-Wert 5,8 und 95% O_2.

1 

2 

3 

Ca. 500 Meter weiter in einem Sumpfgelände, welches ebenfalls vom Rio Muco durchströmt wird, findet man die „Schmalblättrige Amazonas“, *Echinodorus amazonicus*, und den „Schwimmenden Wasserhornfarn“, *Ceratopteris pteridoides* (1). Der Bodengrund ist nährstoff- vor allem aber eisenhaltig.
Als Ergänzung zu den vorher gezeigten *Echinodorus*-Biotopen zeigt das Bild (2), daß, bei welcher Bodengrundzusammensetzung auch immer, eine milde Bodendurchflutung Nährstoffe und Spurenelemente an die Pflanzen heranführt. Auch das Licht ist, wie immer wieder festgestellt, während der Trockenzeit mit über 30 000 Lux reichlich vorhanden.
Selbst auf der Hochebene von Bogota in 2700 m Höhe (3) findet man noch ausgedehnte Wasserpflanzenstandorte. Hier wachsen Ludwigien und Nadelsimse in großer Menge im sumpfigen Terrain.

1

2

3

Tropische Seerosen haben ebenfalls einen großen Nährstoffbedarf. Noch mehr aber benötigen diese Pflanzen hohe Lichtintensität. Bei Lichtwerten um 30 000 Lux und mehr wachsen sie in der Natur. Im Aquarium sind sie mit viel Licht (HQI und HQL-Leuchten) ohne Deckscheiben durchaus blühwillig.

Drei Bilder zeigen Südamerikanische Seerosen-Biotope (*Nymphaea sp.*) (1 und 3) mit der größten Art *Victoria amazonica* (2) (ähnlich *V. regia*). Im Vordergrund *Montrichardia arborescens* (*Araceae*).

1

2

3

In einem Altwasserarm des Rio Solimoes (3) wachsen am vollbesonnten Ufersaum *Reussia rotundifolia* (1). Auf den ersten Blick hat diese Pflanze eine gewisse Ähnlichkeit mit den Wasserhyazinthen. Im selben Biotop gedeihen Lugwigien und Nadelsimse (2) hervorragend bei nährstoffreichem Bodengrund und hoher Lichtintensität.

1

2

Es genügt ganz bestimmt nicht, wenn nur die Wasserpflanzenstandorte eines einzigen Erdteiles zu Rückschlüssen für das Aquarium benutzt werden. Deshalb führt der Weg nun nach Asien, um zu ergänzenden Ergebnissen zu kommen.

Sri Lanka (Ceylon) (1), die tropische Trauminsel, ist nicht nur wegen der vielen Sehenswürdigkeiten und der üppigen Natur berühmt, sondern auch für Wasserpflanzenfreunde ein wahres Paradies, wie z. B. der Fluß Mahaweli Ganga.

Eine ganze Menge mehr oder auch weniger bekannter Wasserpflanzenarten (2) wächst auf dieser Tropeninsel unter idealen Verhältnissen. Wasserchemismus, Nährstoffgehalt und die Lichtintensität lassen Pflanzen optimal gedeihen.

1

2

3

In den meist kristallklaren Bächen findet man die bekannten Cryptocorynen, z. B. *C. wilisii* (3) und *thwaitesii* (1) sowie *C. undulata*.

Im gleichen Bach wächst ebenfalls *Aponogeton rigidifolius* (2), der „Lederaponogeton". Diese *Aponogeton*-Art wächst nicht aus einer Knolle, sondern aus einem langgestreckten Rhizom.

Die Wasserwerte: Temp. 27° C, KH 1° dH, pH 6,4, 90% Sauerstoffgehalt und 30mg/l CO_2.
Die durchschnittlichen Lichtwerte betrugen 40 000 Lux.
Der Bodengrund ist sehr eisenoxidhaltig und sehr reich an Nährstoffen und Spurenelementen. Die ceylonesischen Wasserpflanzen wachsen auch unter Aquarienverhältnissen ausgezeichnet.

1

2

Cryptocoryne thwaitesii (1) – sie wachsen hier an diesem Standort sogar ohne Schatten – vollbesonnt; im Yala Nationalpark auch noch völlig ungestört. Selbst die Krokodile – im gleichen Biotop lebend – genießen die volle Sonnenbestrahlung.
Cryptocoryne walkerii (früher *lutea*) (2) aus einem Fluß bei Chilaw/Sri Lanka wächst auch im Aquarium recht gut. Der Bodengrund am natürlichen Biotop enthält große Mengen an Spurenelementen. In der Trockenzeit wächst *Cryptocoryne lutea* emers. Diese Wasserkelche sind oft an besonnten Stellen zu finden, d. h., sie sind recht lichtbedürftig.

1

Langenandra ovata (2) wächst nur während der Regenzeit submers (unter Wasser). In der Trockenzeit wächst sie emers (über Wasser). Der bevorzugte Standort ist der Uferbereich der Bäche, Flüsse, und schmalen Bewässerungsgräben der Reisfelder. Je nach Nahrungs- und Lichtangebot können diese Pflanzen zu wahren Riesen heranwachsen, z. B. *L. toxicaria*; an diesem Biotop erreichten sie beinahe die Größe des ceylonesischen Fischfängers. *Lanenandra*-Arten kann man sehr gut von Cryptocorynen unterscheiden, denn die Blätter öffnen sich von der Mitte aus nach zwei Seiten. Dies kann man bei der emers wachsenden Pflanze (1) ganz deutlich erkennen. Cryptocorynenblätter öffnen sich nur nach einer Seite an der Blattbasis.

2

1

2

3

4

Als Schwimmpflanze weit verbreitet, findet man auch auf Sri Lanka den „Brasilianischen Büschelfarn", *Salvinia auriculata* (1). Wenn diese Pflanzen gute Bedingungen vorfinden, können sie in der freien Natur innerhalb kürzester Zeit riesige Wasserareale bedecken. Für alle anderen Pflanzen bleibt dann kein Platz mehr (Lichtmangel) und sie sind zum Absterben verurteilt. Nährstoffreiches Wasser und sehr viel Licht benötigen sie in der Natur und auch im Aquarium.
Voll besonnt wachsen in einem ceylonesischen Stausee *Limnophila aquatica* (*Ambulia*) (2). Der Nährstoffreichtum dieser Stauseen läßt die Pflanzenbestände dicht wuchern.

Der „Gewimperte Wasserkelch", *Cryptocoryne ciliata,* (3) ist eine der beliebtesten und auch wuchsfreudigsten Cryptocorynen. In der Natur wachsen sie an nährstoffreichen, gut besonnten Standorten. Sie besiedeln häufig Mündungsgebiete von Flüssen in Thailand oder hier in Malaysia, an einem Bach auf der Insel Penang, den Unterlauf der Flüsse und Bäche. In Südthailand wurde dieses Hornkraut *Ceratophyllum submersum* (4) in einem voll besonnten Bach gefunden. Ein nährstoff- und spurenelementreicher Bodengrund läßt sie zu üppiger Entwicklung kommen. Über das Wasser werden ebenfalls laufend Nährstoffe an die Wasserpflanzen herangetragen.

1

2

3

Vallisnerien (3) wachsen in einem Bach in der Nähe von Wattegama auf Sri Lanka in dichten Beständen in vollem Sonnenlicht und nährstoffreichem Bodengrund.
Cryptocoryne beckettii **(1) ist eine beliebte Aquarienpflanze. Sie wächst im Aquarium wie die meisten ceylonesischen Cryptocorynen ausgezeichnet. Im natürlichen Biotop bevorzugen die Pflanzen strömungsarme Stellen. Das gleich gilt auch für** ***Cryptocoryne wendtii*** **(2), ebenfalls in einem kleinen Fluß auf Sri Lanka in der Nähe von Madawella.**

1

2

Eine wunderschöne Cryptocoryne (2) findet man in Südthailand im Bau am Kaen. *Cryptocoryne cordata (siamensis)* zählt wohl zu den schönsten Wasserkelchen. Die Biotope zeichnen sich auch durch klares, fließendes aber nährstoffreiches Wasser aus. In der Trockenzeit blühen diese herrlichen Cryptocorynen (1).

1

2

In Westafrika beherbergt Kamerun (2) viele Biotope beliebter und wunderschöner Aquarienpflanzen. In letzter Zeit wurden neben vielen „Afrikanischen Speerblatt (*Anubias*)-Arten auch neue „Hakenlilien“ (*Crinum*)-Arten, z. T. noch unbestimmt eingeführt.

Reizvoll leuchtet aus dem dichtem Urwald die Blüte von *Crinum natans* (1), aus einem leicht bräunlichen Klarwasserbach.
Die Wasserwerte: 3° dKH, pH 6,8, CO_2 15mg, 26° C Temperatur, Sauerstoff: 90%. 12500 Lux wurden an diesem teilbeschatteten Standort gemessen.

1

2

Crinum sp. (1 und 2) mit roten Blütenstielen und weißen Blüten, nahe der Küste bei Campo entdeckt, zeigt, daß Wasserpflanzen auch in der Natur genügend Platz zu ihrer Entfaltung brauchen. Einige Arten der Gattung ‚*Crinum*' sind erst in den letzten Jahren als ideale Wasserpflanzen populär geworden. Nahezu problemlos wachsen diese Pflanzen willig in den Aquarien, wenn man für einen nährstoffreichen Bodengrund und für genügend Licht sorgt. Weiter muß daran gedacht werden, daß ihre Blätter über 1 Meter lang werden können und deshalb auch große Aquarien benötigen.

1

2

Der Kamerunfarn – *Bolbitis heudelottii* (2) wächst im gleichen Biotop wie *Anubias barteri var. nana*, sowohl submers als auch emers. Diese beiden Bilder dokumentieren dies auf anschauliche Weise. In der Trockenzeit (1) wachsen diese Pflanzen über Wasser (emers). Die Blätter sind bei dieser Wuchsform wesentlich härter und robuster. Importpflanzen sollten vor dem Weiterverkauf stets an die Unterwasserbedingungen gewöhnt werden. Dann wachsen sie im Aquarium auch störungsfrei weiter.

1

2

3

In diesem traumhaft anmutenden Biotop mit kristallklarem Wasser (3) gedeihen neben zwei *Crinum*-Arten (1) auch noch *Anubias barteri var. nana* sowie *Pistia stratiotes* (2). Dieser herrliche Biotop liegt unmittelbar am Fuße des Kamerun Berges. Das Wasser, welches direkt von dem Berg herunterfließt, wird von den vorliegenden geologischen Formationen beeinflußt. Die GH beträgt 2,2° dH. Sie setzt sich wie folgt zusammen: 0,9° Calciumhärte und 1,3° Magnesiumhärte. Dieser Befund weicht von den meisten deutschen Leitungswässern ab. In unserem Wasser überwiegt in der Regel deutlich die Calciumhärte. Die KH lag bei 4° dH,das heißt, sie liegt scheinbar höher als die gemessene GH. Hier war also neben den Hydrogencarbonaten von Ca und Mg auch eine deutliche Menge von $NaHCO_3$ meßbar. Der pH-Wert lag bei 7,4. Der hohe CO_2-Gehalt von 36mg/l trägt wesentlich zum ausgezeichneten Wasserpflanzenwachstum dieses Gewässers bei.

1 

2 

3 

„Afrikanische Speerblatt" (*Anubias*)-Arten (1) wachsen bevorzugt in schmalen Gesteinsspalten in und an raschfließenden Gewässern. Diese Pflanzen können aber auch nahezu ohne ausgeprägten Halt auf nacktem Naturgestein wachsen. Das Wasser führt permanent die benötigten Nährstoffe an die Pflanzen heran. Sie sind nicht allzu lichtempfindlich. Aus der Familie der Seerosen fallen in Kamerun zwei Pflanzen, nämlich *Nymphaea lotus (zenkeri)* (3), auch grüne Tigerlotus genannt, sowie *Nymphaea lotus*, die rote Lotus, besonders auf. Beide wachsen in nährstoffreichem Boden und in gut besonnten Gewässern.

Nahe der Küste bei Viktoria findet man in einem ausgetrockneten Bachbett die bekannten und für die Aquaristik gut geeigneten Afrikanischen Speerblätter – *Anubias barteri var. glabra* (2). Zwischen Steinen in noch gut feuchtem Bodengrund wachsen sie hier im Halbschatten aber immerhin noch mit 20 000 Lux Lichteinfall.

1

2

3

Artenreiche Biotope in Kamerun
Überall festzustellen, gute Lichtverhältnisse, (1) nahrhafter Bodengrund und nährstoffreiches, klares Wasser (2 und 3).

1

2

3

Inmitten des Indischen Ozeans findet man sogar auf den Seychellen, hier auf der Insel La Digue, die herrliche Seerose *Nymphaea lotus* (1 und 2) und große Bestände des „Sumatrafarnes", *Ceratopteris thalictroides* (3). Der nährstoffreiche Boden und das starke Sonnenlicht (40000 Lux) lassen die Pflanzen üppig wachsen.

WAS AQUARIUMPFLANZEN ZUM WACHSTUM BRAUCHEN

In vielen Aquarien stehen vor allem die Fische im Vordergrund der Pflege. Die Lebensansprüche der Wasserpflanzen müssen dabei zwangsläufig in den Hintergrund treten.

Es erscheint relativ einfach, die Lebensbedingungen von Fischen und Pflanzen auf einen Nenner zu bringen. Das vielfältige Angebot an aquaristischen Produkten läßt den Schluß zu, daß kaum mehr Fehler

Beispiel eines perfekt eingerichteten Aquariums

beim Betrieb eines Aquariums gemacht werden können. Es hat auch den Anschein, daß dieses Bio-System in einem wenigstens technisch gesichterten Gleichgewicht gehalten werden kann.

Bei der Pflege von Fischen mag das noch angehen; Wasserpflanzen aber lassen entschieden schneller erkennen, wenn Kultivierungsfehler gemacht werden. Sie verlangen kompromißlos alles zum Wuchs Notwendige. Wenn auch nur ein zu ihrem Gedeihen benötigter Faktor fehlt, oder nicht in genügender Menge zur Verfügung steht, treten über kurz oder lang Wachstumsstörungen auf.

Ist der Bodengrund so wichtig?

Es hat sich gezeigt, daß die meisten Aquarienpflanzen Nährstoffe über die Blattoberfläche aufnehmen. Denken wir an frei treibende Pflanzen – praktisch kann man jede Stengelpflanze frei treiben lassen, und sie wächst trotzdem –, so scheint die Annahme, daß Aquarienpflanzen Nährstoffe ausschließlich mit den Blättern aufnehmen, vollends bewiesen. Dem ist aber offensichtlich doch nicht so. Auch frei treibende Stengelpflanzen entwickeln ja Wurzeln, und es ist der experimentelle Beweis erbracht, daß auch hier eine intensive Stoffaufnahme durch die Wurzeln erfolgt. Soll nun deshalb der Bodengrund im Aquarium möglichst nährstoffreich sein? Auch hier müssen wir wieder daran denken, daß bei einem gut in Betrieb befindlichen Aquarium ja organische Nährstoffe in den Bodengrund sinken, wo sie durch Bakterien abgebaut werden und dann von den Pflanzen aufgenommen werden können. Es kommt also bei der Neueinrichtung eines Aquariums, wo alles noch ziemlich steril ist, darauf an, den Pflanzen auch vom Boden her eine Starthilfe in Form eines Bodengrunddüngers zu geben.

Im natürlichen Biotop sorgen reichlich Eiseneinschwemmungen für eine optimale Versorgung der Wasserpflanzen

Bei den stark wurzelnden Pflanzen, wie den Amazonas-Schwertpflanzen, *Crinum, Aponogeton* und allen Seerosengewächsen leuchtet die Forderung nach einem nährstoffreichen Bodengrund sofort ein; aber auch alle anderen Wasserpflanzen gedeihen von Grund auf besser, wenn man dem kalkfreien Quarzkies Initial D oder Dynophyll® zumischt. Initial D besteht aus Eisenoxid und organischen Substanzen. Durch diesen besonderen Bodenzusatz werden Nährstoffe aufbereitet und stabilisiert. Wühlende Fische sollte man bei diesem Zusatz nicht pflegen.

Dynophyll® ist ein granulierter Bodengrunddünger. Es enthält sämtliche Nährstoffe in einer speziell auf die Bedürfnisse der Wasserpflanzen abgestimmten Form und ist für jeden Fischbesatz bestens geeignet.

Andere Zusätze wie Fluß- sowie Bausand, Lehm, Blumenerde, getrockneter Mist und schlechter Torf sind nicht zu empfehlen. Solche Bodengrundmischungen führen sehr schnell zu Fäulnis und übelriechender Schwefelwasserstoffbildung.

Auch Wasserpflanzen brauchen Nahrung

Pflanzen benötigen zu ihrem Gedeihen unter anderem mineralische Nährstoffe. Nun ist ein gut „in Betrieb“ befindliches Aquarium praktisch schon ein recht guter Nährstoffproduzent. Fischausscheidungen und Futterreste – durch bakteriellen Abbau mineralisiert – werden den Pflanzen nutzbar gemacht. Stickstoffverbindungen, z. B. Nitrat und auch Phosphate, fallen dabei in großem Überschuß an. Die Wasserpflanzen können solch große Mengen nicht verbrauchen und deshalb ist es nötig, regelmäßig einen Teilwasserwechsel (alle 14 Tage bis 3 Wochen ⅓) durchzuführen. Weiter wird empfohlen, um die Nitratwerte nicht in schädliche Bereiche ansteigen zu lassen, das Aquarienwasser mit dem Nitrat-Test laufend zu überprüfen.

Neben Stickstoff werden von den Pflanzen aber auch noch weitere Makronährstoffe benötigt, wie u. a.: P, S, Ca, Mg, K, Fe; Nährstoffe, wie Kalium und Eisen sowie Spurenelemente, müssen laufend – am besten beim Wasserwechsel – ergänzt werden. Es muß sichergestellt sein, daß die Nährstoffe auch tatsächlich von den Pflanzen problemlos aufgenommen werden können; das heißt, sie müssen in einer für die Pflanzen erfügbaren Form vorliegen.

Die Tetra- und Frickhingerprodukte Cryptodünger und PlantaMin erfüllen alle Anfoderungen, welche an eine brauchbare Wasserpflanzendüngung gestellt werden. Diese Dünger enthalten in ausreichender und sofort verfügbarer Menge gerade die Nährstoffe und Spurenelemente, welche sehr schnell im Aquarium ins Defizit geraten. Die besondere Darreichungsform dieser Spurenelemente (chelatisiert, komplexgebunden) garantiert die lange Verfügbarkeit im Aquariumwasser.

Im Biotop von *Cryptocoryne cordata* gut zu sehen, die Pflanzen stehen nährstoffreich

Die Kohlenstoffdüngung

Der mengenmäßig wichtigste Nährstoff für Wasserpflanzen ist der Kohlenstoff in Form von CO_2. Bei der Photosynthese wird der Kohlenstoff zu organischer Substanz umgesetzt. Durch starke Stoffwechseltätigkeit der Wasserpflanzen gerät dieser Nährstoff sehr schnell im Aquarium ins Defizit. Zwar wird durch Frischwasserzugaben, Atmung der Fische und bakteriellen Abbau Kohlenstoff in Form von Kohlendioxid CO_2 erzeugt; aber diese Mengen werden schnell wieder ausgetrieben (Ausströmerstein) oder durch die Wasserpflanzen aufgebraucht, so daß zusätzlich Kohlendioxid dem Wasserpflanzen-Aquarium zugeführt werden muß.

Hierfür bietet sich ein praktisch und bequem zu handhabendes Co_2-Diffusionsgerät an. Der CO_2-Gehalt sollte unter Berücksichtigung der Bedürfnisse der Fische nicht extrem hoch steigen. Werte bis 20 mg/l sind noch akzeptabel. Zur genauen Kontrolle des vorliegenden CO_2-Gehaltes im Aquarium sind entsprechende Tests zu empfehlen.

Beim Einsatz eines CO_2-Diffusionsgerätes sollte während des Tages auf eine Durchlüftung (Ausströmerstein) verzichtet werden. Bei starkem Fischbesatz wird während der Nacht eine Durchlüftung empfohlen. Am besten wird die nächtliche Durchlüftung über eine Schaltuhr gesteuert.

Mit dem automatischen Ausschalten der Beleuchtung wird die Durchlüfterpumpe eingeschaltet. Am Morgen läuft der Vorgang entgegengesetzt ab. Bei solcher Verfahrensweise empfehlen wir, ein Rückschlagventil zwischen Luftschlauch und Pumpe zu montieren. Empfehlenswert ist auch eine automatische Steuerung des CO_2-Gehaltes im Wasser mit einem sogenannten CO_2-pH-„Dauerregler“.

Wo Wasserpflanzen üppig wachsen, stimmt auch am trop. Biotop der CO_2-Gehalt. CO_2-Werte zwischen 5 und 20 mg/l findet man recht häufig.

Wasser ist nicht gleich Wasser

Diese Weisheit ist jedem Aquarienfreund bekannt. Ein weiches, leicht saures Aquarienwasser herzustellen, hat manchem, der das Pech hat, nur hartes Leitungswasser zur Verfügung zu haben, schon sehr viel Mühe und Kosten bereitet. Doch ist dieser Aufwand auch für Pflanzen unbedingt nötig? Viele Cryptocorynen kommen beispielsweise aus den gleichen Weichwassergebieten wie etwa manche *Rasbora*-Arten. Jahrelang hat man viel Mühe verwendet, um diese Weichwasserbedingungen auch für Cryptocorynen nachzuahmen. Mit wechselndem Erfolg! Immer wieder berichten Aquarienfreunde, daß ihre Cryptocorynen in Leitungswasser mit 10°, sogar bis 18° dH noch gut wachsen. Sicherlich ist salzarmes, weiches, saures Wasser für Cryptocorynen ideal, doch muß es dann auch einen Überschuß an sog. freier Kohlensäure und z. T. organischen Säuren haben, und gerade das ist im Aquarium nicht so leicht (und für die Fische nicht ungefährlich) nachzuvollziehen. Sicherer geht man dann, wenn man ein „stabileres", d. h. etwas härteres Wasser mit ausreichender Karbonathärte (z. B. 3–5° dH) und einem dementsprechend höheren Gehalt an Gleichgewichtskohlensäure zur Verfügung hat. Es ist nämlich

Am Standort von Cryptocoryne cordata reicht das einfallende Sonnenlicht noch immer aus, um die Pflanzen gedeihen zu lassen.

die Kohlensäure, genauer gesagt das Kohlendioxid, das absolut lebensnotwendig für Pflanzen ist (siehe nebenstehend). In bezug auf den pH-Wert hat sich gezeigt, daß er für alle Wasserpflanzen den Neutralpunkt (pH 7) nicht wesentlich überschreiten sollte, besser sogar in leicht saurem Bereich liegt. Gut bewährt hat sich eine stabilisierende Torffilterung mit leicht karbonatenthärtender Wirkung. Dabei darf weiches Wasser wegen seiner geringen Pufferwirkung nur vorsichtig zeitweilig über Torf gefiltert werden. Fortlaufende pH-Kontrollen sind in jedem Fall nötig (TetraTest). Noch wichtiger sind regelmäßige Frischwasserzugaben mit Zugabe von geeigneten Wasseraufbereitungsmitteln.

Auch die Torffüllung im Filter sollte häufiger gewechselt werden. Ferner hat es sich als vorteilhaft erwiesen, die Förderleistung der Umlauffilter nicht zu klein zu wählen, denn auch eine gute Wasserumwälzung ist für die Pflanze wichtig. Man kann bei nicht zu starker Fischbesetzung und guter Filterleistung auf eine Durchlüftung verzichten, da diese eine zu stark kohlensäureaustreibende Wirkung haben kann. Doch ist hier bald ein Punkt erreicht, an dem die Bedürfnisse der Fische und Pflanzen einander entgegengesetzt sind und wir denen der Aquarienfische den Vorrang geben müssen. Gute Wasserumwälzung sorgt auch dafür, daß Temperaturunterschiede (vom Bodengrund bis zur Wasseroberfläche) im Wasser vermieden werden. Die Einhaltung einer optimalen Temperatur ist dem Aquarienfreund durch moderne technische Hilfsmittel heute leicht gemacht. Was jedoch zu wenig beachtet wird und gar nicht selten die Ursache schlechten Pflanzenwuchses ist, ist die Tatsache, daß häufig ein Temperaturgefälle zwischen Bodengrund und

Das Schwarzwasser vom Rio Negro trifft hier auf das Mischwasser des Amazonas.

Wasseroberfläche besteht. Es kann sein, daß wir dicht über dem Boden noch 25° C messen, während im Bodengrund – bei der herkömmlichen Beheizung – die Wärme auf 20° C absinkt.

Die meisten Aquarienpflanzen bevorzugen annähernd gleiche Temperaturen sowohl im Wurzelbereich als auch darüber. Durch die Art, der Boden-Beheizung, wird eine hervorragende Mehrfachwirkung erzielt, eine gleichmäßige Wärmeverteilung im gesamten Aquarium ohne große Temperaturschwankungen.

Durch die langsam aufsteigende Wärme wird weiter eine milde Wasserzirkulation im Bodengrund erreicht und dabei frisches, nährstoffreiches Wasser an die Wurzeln herangeführt sowie ein gesundes Bodenklima erzeugt.

Ein weiterer Vorteil dieses Heizsystemes ist die technische Sicherheit. Ein Stromunfall kann so vermieden werden.

Eine häufige Fehlerquelle: Das Licht

Ohne ausreichendes Licht ist kein Pflanzenwuchs möglich. Eine Tatsache, von welcher die meisten Aquarianer Kenntnis haben, aber trotzdem am falschen Objekt sparen.

Lichtwerte von 20000 bis 60000 Lux sind in den Tropen die Regel.

Luxmessungen in schlecht funktionierenden Wasserpflanzenaquarien zeigen ganz schnell, wie „unterbelichtet" die meisten Becken im Vergleich mit den Gegebenheiten in der Natur sind. Die unterschiedlichen Lichtbedürfnisse der im Handel angebotenen Pflanzen kann man dabei ruhig unberücksichtigt lassen. An einem „Zuviel" an Licht sind noch die wenigsten Wasserpflanzen eingegangen.

Der Standort des Aquariums am sonnenbestrahlten Fenster bringt hier auch nicht die Ideallösung. Ganz im Gegenteil – nur durchschnittlicher Pflanzenwuchs, eher ein prächtiger Algenwuchs – ist das Ergebnis solcher Plazierung.

Der dunkelste Platz im Zimmer ist seit der Einführung moderner Leuchtquellen der beste Paltz für das „grüne Bild".

Sumpffreund
Limnophila sessiliflora

Sumpffreund *Limnophila* mit typischen Lichtmangelsymptomen. Unzureichende Lichtverhältnisse haben zu übermäßigem Streckungswachstum der Stengel geführt. Die Blattquirle sind dabei nur spärlich ausgebildet.

Riesen-Wasserfreund
Hygrophila corymbosa

Bei dieser Pflanze wird in den Abendstunden die sogenannte „Schlafstellung" besonders deutlich. Infolge periodisch unterschiedlicher Wuchsstoffverteilung kommt es zum Zusammenfalten der Triebspitzenblätter. Eine ganze Reihe von Stengelpflanzen zeigen solche Tag-Nacht-Periodik.

Obwohl die Verwendung von Leuchtstofflampen eine Verbesserung der Gesamtsituation mit sich gebracht hat, so sieht man doch noch recht häufig unansehnliche, dünnstielige, schmächtige Pflanzen mit blaßgrünen Blättern als typische Lichtmangelsymptome. Von diesen Umständen abgeschreckt, hat schon mancher Aquarianer den Versuch, ein schönes Pflanzenaquarium sein eigen zu nennen, aufgegeben.

Dabei wäre dies nicht nötig, wenn auf die Lichtansprüche der Pflanzen eingegangen würde. Mit dabei entscheidend ist die Anzahl der Leuchtstofflampen über dem Aquarium. Optimal bestückt sind Aquarien mit 0,4 bis 0,7 Watt pro Liter Wasserinhalt.

Als Beispiel: Für ein Aquarium mit den Maßen 100 × 50 × 40 = 200 Liter benötigt man ca. drei Lampen à 30 Watt.

Oder – wem diese Rechnung zu umständlich scheint – pro 10 cm Wassersäule (der Bodengrund wird abgezogen) eine Lampe; also wieder drei Leuchtstoffröhren. Die Beckenmaße spielen hier natürlich auch eine Rolle.

Der Lichtfarbe der Leuchtstofflampen wird meist zu große Bedeutung beigemessen, obwohl wesentlich mehr mit der Lichtintensität gegeizt wird.

Glühlampen werden heute wegen des hohen Stromverbrauches und der großen Wärmeentwicklung nicht mehr eingesetzt. Leuchtstofflampen HQI- und HQL-Leuchten haben auch in der Aquaristik die Glühlampen überflüssig gemacht.

Empfehlenswert ist die Kombination von Kaltton- (hoher Blauanteil) und Warmtonlampen (hoher Rotanteil). Die sogenannten *Pflanzenstrahler* mit ihrem speziell hohen Rot- und Blauanteil können bei der Ersteinrichtung von Aquarien mitunter zu Algenproblemen führen. Ist das Aquarium erst einmal gut „eingefahren“ (nach einem halben Jahr), so steht einer Zuschaltung solcher Röhren als Zweit- oder Drittlampe zur entsprechenden Anzahl von Kalttonröhren nichts mehr im Wege.

Leider altern Leuchtstofflampen relativ schnell. Nach einem halben Jahr können sie u.U. bis zu 40% ihrer ursprünglichen Leuchtkraft verlieren. Deshalb sollten die Lampen nach spätestens sechs Monaten ausgewechselt werden. Schmutzige Abdeckscheiben und der natürliche Lichtverlust durch die Filterwirkung des Aquarienwassers bringen es mit sich, daß in den Bodenregionen oft nur noch 5 bis 10% der Beleuchtungsstärke meßbar ist. Also viel zu wenig, um die kleinen Vordergrundpflanzen gesund und wuchsfreudig zu erhalten. Nach Möglichkeit sollte man Leuchtstofflampen mit Reflektor verwenden. Ein ganz neuer Weg der Aquarienbeleuchtung wird mit den HQL-Lampen beschritten. Dieser Lampentyp zeichnet sich durch seine hohe Lichtausbeute und durch die spezielle Konstruktion (für die Beckenausleuchtung) aus. Mit 12000–15000 Lux – dies entspricht einer Lichtmenge dreier herkömmlicher Leuchtstofflampen – und die hervorragende Wirtschaftlichkeit (geringer Lichtverlust erst nach zwei Jahren) sowie das problemlose Umschalten (je nach Hersteller) von 80 auf 125 Watt, hat dieser Lampentyp sehr schnell die Aquarianer begeistern können.

Außerdem wird es so möglich, Aquarien mit Schwimmpflanzen, Seerosen und großwerdenden Sumpfpflanzen zu besetzen. Ein ganz besonderer Reiz liegt noch darin, daß damit der Weg geebnet ist für

Aquarianer, welche sich auch an ‚Blüten' erfreuen wollen. (Siehe Kapitel Schwimmpflanzen Seite 151.) Die Beleuchtungsdauer darf beim Thema „Aquarienlicht" nicht unerwähnt bleiben. Manchmal wird geglaubt, daß man fehlende Lampen durch längere Beleuchtungsdauer ersetzen kann. Dies ist ein Trugschluß.

Dem Tropentag nachempfunden sollte 12 bis 13 Stunden beleuchtet werden. Bei zu kurzer Beleuchtungsdauer kümmert der Pflanzenwuchs.

Von grundauf richtig und mit geeignetem natürlichen Dekorationsmaterial gestaltet.

Auch Aquariengestaltung will gelernt sein

Über die Gestaltung eines Aquariums ließe sich unendlich viel sagen. Man kann sich beispielsweise an sehr streng „biotopgebundene" Maßstäbe halten, oder man kann auch einfach nach Schönheit (Geschmack) und Zweckmäßigkeit einrichten. Hier soll uns diese Frage nur insoweit interessieren, wie sie die Pflanzen selbst betrifft. Zweifelsohne sind ja die Pflanzen das wichtigste Gestaltungselement. Doch man muß sich dieses Dekorationsmaterials auch richtig zu bedienen wissen, will man nicht von vornherein oder nach einiger Zeit Enttäuschungen erleben.

Die folgenden Fehler bei der Bepflanzung und Gestaltung eines Aquariums sind immer wieder zu beobachten:

1. Der Aquarienfreund kauft seine Pflanzen zu sehr mit dem Auge, das heißt, er beurteilt ihren Dekorationswert spontan, nach ihrem augenblicklichen Entwicklungszustand. Das kann verhängnisvoll sein, wenn es sich beispielsweise um Jungpflanzen handelt, die im Aquarium später Riesenausmaße erreichen. Leider wird die Wandlungsfähigkeit der Pflanzen nicht genügend beachtet. Das ist allerdings oft auch schwierig, da viele Wasserpflanzen aus Gewächshauskulturen angeboten werden und später unter Aquarienbedingungen oft ein ganz anderes Aussehen, besonders in der Blattfärbung, bekommen.

2. Meist informiert sich der Aquarianer erst nach dem Kauf über Lebensbedürfnisse, Größe usw. einer Pflanze, oft erst dann, wenn die Pflanze im Aquarium nicht wachsen will.

3. Es werden für eine Aquarienbepflanzung zu viele verschiedene Pflanzen gekauft und zu geringe Stückzahlen einer Art. Je mehr Arten unterschiedlichen Aussehens man hat, desto schwieriger kann eine harmonische Gestaltung, besonders in kleinen Aquarien werden. Von Gruppenpflanzen sollten von vornherein möglichst viele Exemplare gekauft werden, so daß man schon gleich eine lockere Gruppe zusammenstellen kann.

4. Vielfach erfolgt die Bepflanzung ohne genaue Überlegung und ohne die Wachstumsverhältnisse der Art richtig einzuschätzen. Spätere Umgruppierungen werden nötig, gerade eingewurzelte Pflanzen dadurch in ihrer Vitalität erheblich gestört, und das Anwachsen wird wiederum erheblich verzögert.

Selbstverständlich gehören ein bißchen Phantasie und Geschick, vielleicht auch ein wenig Fingerspitzengefühl zur Gestaltung eines Aquariums. Befolgt man aber einige Grundsätze, das heißt, kombiniert man Lebensansprüche und dekorative, harmonische Einordnung in die gesamte Unterwasserlandschaft, so ist das Ganze gar nicht so schwierig. Ein wenig Geduld, gute Beobachtungsgabe, ob sich eine Pflanze an ihrem Standort wohlfühlt, das gehört auf alle Fälle auch dazu. Im übrigen zeigen sich unsere Aquarienpflanzen weitaus anpassungsfähiger, als vielfach angenommen wird.

Viel kann man aus vorbildlich eingerichteten Aquarien erfahrener Liebhaber und Zoofachhändler lernen. Auch kann man sich hier manchen wertvollen Rat holen. Schon die „pflanzenlose“ Gestaltung des Bodens – Terrassen, Baumwurzeln, Steine usw. – ist für die spätere Bepflanzung wichtig und zu planen.

Wichtig ist, daß jegliches Dekorationsmaterial richtig fest sitzt, weder wandern noch einstürzen kann. Am besten ist es, das Material direkt auf den Aquarienboden zu setzen. Auf keinen Fall sollte man auf Sand bauen. Wurzeln sind nicht nur peinlichst zu säubern, sondern auch auf ihren Auftrieb zu überprüfen. Nötigenfalls muß man sie fixieren und beschweren. Es nützt auch sehr wenig, den Aquarienkies von der Sichtscheibe nach hinten ansteigen zu lassen, wenn nicht dafür gesorgt wird, daß das unterschiedliche Niveau durch Stein- oder Wurzelterrassen erhalten bleibt. Durch das Eigenleben des Aquariums und durch Turmdeckelschnecken würde schon nach kurzer Zeit jeglicher Höhenunterschied wieder ausgeglichen.

▼▲ Richtiges Pflanzen erhöht den optischen Reiz eines Aquariums.

Richtig stecken und pflanzen

Wasserpflanzen kann man die Umgewöhnung und das problemlose Anwurzeln erleichtern, wenn man folgende Empfehlungen beachtet:

- Die Pflanzen werden nach dem Kauf von anhaftendem Schmutz, Algen und Schneckenlaich gesäubert.
- Angefaulte und angebrochene Blätter sind zu entfernen.
- Alte, braune und schwarze Wurzeln abschneiden. Nur so viele alte Wurzeln an den Pflanzen belassen, wie nötig sind, um noch Halt im Bodengrund zu geben.
- Stengelpflanzen sollten grundsätzlich um 1–2 cm eingekürzt werden. Der Stiel ist auf 4 cm blattfrei zu machen. Um neuerliche Druckstellen zu vermeiden, werden die Pflanzen in ein mit dem Finger vorgedrücktes Loch gesetzt.
- Bei der Gruppenbepflanzung wird zwischen den einzelnen Stielen ein fingerbreiter Abstand gelassen.
- Wurzeltragende Pflanzen sollen nur bis zum Wurzelhals mit Substrat bedeckt werden.
- Knollenpflanzen, wie z. B. *Aponogeton*, muß man seitenrichtig, also mit dem Austrieb nach oben, und nie völlig mit Kies bedeckt einsetzen. Der knollenförmige Wurzelstock muß fest und gesund sein, denn aus dieser Reservenanlage mobilisiert die Pflanze zunächst ihre Wuchskraft im Aquarium. Der vorhandene Blattaustrieb ist von untergeordneter Bedeutung. Wurzelstock flach pflanzen! (Rhizom von *Aponogeton boivinianus*). Siehe Bild.
- Zwiebelpflanzen, wie *Crinum*, setzt man mit etwas Filterwatte umwickelt ein. Vorhandene Druckstellen verheilen dann wesentlich besser und ein Verfaulen der wertvollen Zwiebel wird verhindert.
- Bei Cryptocorynen- und *Anubias*-Arten dürfen die Rhizome nicht völlig mit Bodengrund bedeckt sein, wenn sie gut anwurzeln sollen. Pflanzenklammern aus dem Zoofachgeschäft leisten bei dieser Art des Pflanzens gute Dienste.

Knollenförmiges Rhizom von *Aponogeton*.

Die richtige Aquarienbepflanzung

Es ist auch immer noch richtig, wenn man die Aquarienpflanzen nach ihrer Größe in Vorder-, Mittel- und Hintergrundpflanzen einteilt. Doch sollte man keinesfalls dies zu einem starren Schema werden lassen. Wir müssen Pflanzen auch nach ihren Blattformen und ihrer Färbung beurteilen. Sicherlich sind hochwüchsige Arten in jedem Fall für Hintergrundbepflanzungen geeignet, doch können sie an einer Stelle in vereinzelten Exemplaren auch bis an die Sichtscheibe gepflanzt werden, ebenso wie man unter dem freien Schwimmraum bis tief an die Hintergrundpflanzung heranführen kann. In beiden Fällen ergibt sich eine außerordentlich gute Tiefenwirkung.

Welche Pflanzen für welchen Zweck?

Das richtet sich natürlich ganz nach der Größe des Aquariums. Kleinere Arten sollen grundsätzlich in Gruppen gepflanzt werden. Andererseits kann z.B. eine Amazonas-Schwertpflanze in einem kleinen Aquarium als einzelne Solitärpflanze gewissermaßen den Blickpunkt bilden, während die gleiche Art in einem größeren Becken eine wunderschöne Gruppenpflanzung abgibt.

▼ **Pflanzenvielfalt im Aquarium**

Auch kleine Becken kann man gut bepflanzen

Ein umfangreiches Sortiment an geeigneten Aquarienpflanzen wird heute von vielen guten Zoofachgeschäften angeboten.

Beim Kauf der Wasserpflanzen sollte man folgende Grundsätze beachten:

- Vor dem Kauf einen Beckenbesetzungsplan erstellen.
- Die Wasserpflanzen vor dem Einsetzen von evtl. anhaftenden Algen und Schneckenlaich säubern. Auch beschädigte Blätter sollen entfernt werden.
- Eine dichte Erstbepflanzung (bündelweise) mit schnellwüchsigen Pflanzen schützt vor unerwünschtem Algenwuchs.
- Die Wasserpflanzen sollen nach ihren Lichtbedürfnissen gruppenweise und

von hinten nach vorne eingesetzt werden.

- ○ Spezielle Arten auswählen, welche sich für den Hintergrund und die Seitenbepflanzung eignen. Das gleiche gilt für Vordergrund- und Solitärpflanzen.
- ○ Die unterschiedlichen Blattformen und -farben zur attraktiven Dekoration nützen.

Die folgenden Bildbeispiele sollen Ihnen einige Anregungen geben, wie man Aquarien vielfältig und auch optisch ansprechend gestalten kann.

Kontraste schaffen – so lautet die Devise; hellgrüne neben dunkelgrüne, rundblättrige neben feinfiedrige Pflanzen; das gibt dem Becken den richtigen Pfiff.

In solchen Aquarien fühlen sich auch die Fische von Anfang an wohl und zeigen ihre natürlichen Farben.

(links, oben und rechts)
Nachahmenswerte Pflanzenbecken

Landpflanzen als Aquarienschmuck?

In den einleitenden Kapiteln dieses Buches wurden Empfehlungen und Ratschläge gegeben, die zu einem erfolgreichen Start des Wasserpflanzenaquariums führen. Eine wesentliche Voraussetzung für den Erfolg ist die Pflanzenauswahl. Dieses Buch hilft Ihnen ganz sicher dabei.

Leider verwenden manche Aquarianer in letzter Zeit auch völlig ungeeignete Pflanzen für das Aquarium; diese Pflanzen tragen zwar sehr exotische Namen und sehen auch optisch hübsch aus, nur daß sie eben Landpflanzen sind und untergetaucht alsbald das Zeitliche segnen. Man kann sich natürlich trösten, in dem man sagt, daß ein Blumenstrauß auch verwelkt; aber in einem Aquarium passiert doch noch eine Menge mehr. Gerade die biochemischen Abläufe spielen in der Aquaristik eine ernst zu nehmende Rolle. Was passiert?

- Landpflanzen, unter Wasser gesetzt, erfüllen ganz sicher nicht den Hauptzweck der Wasserpflanzen. Sie assimilieren dort nicht – also liefern sie auch keinen Sauerstoff (O_2).
- Beim Absterben tritt ein Sauerstoffmangel durch die Fäulnis auf. Aufgrund der Struktur von Landpflanzen enthalten diese wesentlich mehr „Masse“ als ähnliche Wasserpflanzen, so daß mehr an Fäulnisstoffen anfällt.
- Der Stickstoffabbau wird auf das Empfindlichste gestört.
- Bei vielen Pflanzen werden u. U. Giftstoffe freigesetzt. Manche unerklärlichen Fischverluste sind darauf zurückzuführen.
- Wassertrübungen, verbunden mit üblem Geruch, und Blaualgen sind ebenfalls häufig die Folge verfaulender Landpflanzen.

Namen wie: Unterwasserpalme (1), Unterwasserkaktus (2), Feuerpalme (3), Marmorblatt, Indonesische Fruchtpflanze (5) und Christbaumpflanze (6) lassen erkennen, daß es sich hierbei um Landpflanzen handelt. Das Angebot an echten Wasserpflanzen im Zoofachhandel läßt einen Verzicht leichtfallen.

Auch Wasserpflanzen unterliegen einem eigenen Lebenszyklus, das heißt, sie zeigen natürliche Wuchsschwankungen und sterben auch nach Überalterung ab. Jeder Eingriff in das normale Wachstum der Pflanzen wirkt sich entsprechend aus. Z. B. stoppt jedes Umsetzen den gesunden Wuchs. Auch zu dichtes Wuchern kann wachstumshemmend sein. Wenn manche Pflanzen längere Zeit (z. B. 2–3 Jahre) immer am gleichen Platz stehen, so kann man ebenfalls ein Zurückgehen derselben beobachten. Oft wird von generellen Unverträglichkeiten verschiedener Arten untereinander gesprochen. Die beobachteten Wuchsstörungen einer Art sind aber meist auf die unterschiedlichen Nahrungsansprüche zurückzuführen, das heißt, die verschiedenen Arten stehen in Nahrungs- und Lichtkonkurrenz zueinander. Wenn man dies beobachtet, so genügt es meist schon, die Pflanzen um ca. 30 cm voneinander entfernt neu zu setzen. Der erfahrene Wasserpflanzenpfleger wird ohnedies sehr darauf achten, daß sich die Pflanzen nicht gegenseitig beim Wuchs stören. Beim Erreichen der Wasseroberfläche werden Stengelpflanzen rechtzeitig eingekürzt oder neu gesteckt. Zu dichten Rasen lichtet man soweit, daß zwischen den einzelnen Pflanzen ein fingerbreiter Abstand entsteht.Die Beschäftigung mit dem Was-

1

2

3

4

5

6

serpflanzenaquarium bringt immer neue Erfahrungen und Erkenntnisse, welche dieses Hobby stets interessant und lebendig bleiben läßt.

Startschwierigkeiten und andere unliebsame Ereignisse

Schwierigkeiten mit dem Pflanzenwuchs können sich besonders in den ersten Wochen nach der Einrichtung eines Aquariums ergeben, sei es, daß der Wuchs einfach nicht in Gang kommen will, oder daß Algen die Oberhand gewinnen. Es kann den Pflanzen vielleicht an Nährstoff fehlen, oder ein Nährstoff, z. B. Nitrat aus der Wasserleitung, liegt im Überangebot vor, kurz, ein harmonisches Gleichgewicht ist noch nicht erreicht.

Gerade dem Anfänger wird hier nicht alles auf Anhieb gelingen. Wachsen alle Pflanzen nicht, so stimmt der ganze physiologische Zustand des Aquariums nicht. Eine Überprüfung der in den obigen Kapiteln genannten Fakten ist regelmäßig notwendig, z. B. pH-Kontrolle, Wasserhärte, Kohlendioxid, Nitrit, Nitrat und Sauerstoff. Wächst aber nur diese oder jene Pflanze nicht, so kann es eine Standortfrage sein, und wir können die Pflanze durch Umsetzen an einen anderen Platz im Aquarium zum Wachsen bringen. Doch hierbei sei nochmals gesagt, daß Geduld nötig ist!

Schnellwachsenden Stengelpflanzen sieht man es schon nach kurzer Zeit an, ob der Standort richtig oder ungünstig ist. Auch sind sie gewissermaßen ein Anzeiger dafür, ob im Aquarium überhaupt pflanzenfreundliche Verhältnisse herrschen. Doch bei anderen Arten, manchen Cryptocorynen beispielsweise, kann es unter Umständen viele Monate dauern, bis sie den „Umpflanzschock" überstanden haben und dann plötzlich doch wachsen.

Nixkraut z. B. kann man einfach auf die Aquarienoberfläche werfen, solche schnellwachsenden Pflanzen verbrauchen überschüssige Nährstoffe rasch und lassen den Algen keine Nahrung übrig, so daß kein nennenswerter Algenwuchs aufkommt.

Einen schwachen Grünalgenbewuchs an den Scheiben sollte man im übrigen in Kauf nehmen. Er ist durchaus ein Zeichen gesunden Wassers und in verschiedener Hinsicht wünschenswert (Nährstoffaufschluß) und wird nur wöchentlich von der Frontscheibe entfernt. Was aber, wenn das Wachstum nach einiger Zeit plötzlich stockt. Dann wären zunächst einmal der pH-Wert und CO_2-Gehalt zu prüfen. Liegt der pH-Wert konstant über 7,5 so sollten wir mit einem Teilwasserwechsel und Torffilterung (bei härterem Wasser) versuchen, diesen Wert zu senken, auch ToruMin-Gaben mit dem Frischwasser sind günstig. Zeigen die Blätter beim Befühlen einen rauhen Belag, so liegt ein akuter Kohlendioxidmangel vor. Hier hilft nur häufige Frischwasserzufuhr bzw. der Einsatz einer zusätzlichen CO_2-Versorgung, damit sich dieser „Notstand" für die Pflanze nicht wiederholt.

▶
Startschwierigkeiten lassen sich mit schnellwüchsigen Stengelpflanzen weitgehend vermeiden. Hier z. B. der Riesenwasserfreund *Hyrophila Corymbosa*

Die Cryptocorynenkrankheit

Als Cryptocorynenfäule ist sie bei den Freunden der Cryptocorynenpflege bekannt und gefürchtet. Endgültig ist noch nicht geklärt, wie diese Fäulnis entsteht. Sicher sind mehrere Ursachen am Entstehen beteiligt. Bekannte Ursachen, wie jeglicher Schock, lassen die Fäule sofort ausbrechen. Die Pflanzen faulen dann innerhalb weniger Tage bis zum Rhizom ab und es dauert eine ganze Weile, bis sie sich wieder erholt haben. Importpflanzen sind ganz besonders anfällig. Inlandgezogene Cryptocorynen werden weitaus weniger befallen. Es hat auch den Anschein, als wären einige hellgrüne, schmalblättrige Arten weniger empfindlich.

Die häufigsten Ursachen der Cryptocorynenfäule sind:

- Der Umpflanzschock (besonders bei Importen).
- Gleichzeitiges Wechseln aller über dem Aquarium befindlicher Leuchtstofflampen.
- Hoher Nitratgehalt (über 100 mg/l), verbunden mit einem Totalwasserwechsel.
- Die Zugabe von Kochsalz oder kochsalzhaltigen Präparaten.
- Schockartiges Verändern des Wasserchemismus (pH-Wert und KH-Wert).
- Bei faulendem Bodengrund und Blaualgenbefall tritt ebenfalls sehr schnell die Fäule auf.
- Ein Chemikalien-Schock durch die Zugabe ungeeigneter Präparate wird schlecht vertragen.

Die Cryptocorynenfäule verhindert und stoppt man so:

- Durch die Vermeidung der vorgenannten Ursachen.
- Bei neuzugekauften Pflanzen müssen angefaulte Blätter und Wurzeln entfernt werden.

◄
Schadbild der gefürchteten „Cryptocorynenkrankheit". Die Blätter zeigen teils vom Rand her, teils als Blattlöcher Auflösungserscheinungen, die unter Umständen sehr schnell in eine totale Blattfäulnis übergehen können und damit den ganzen Cryptocorynenbestand gefährden.

- Durch regelmäßigen Teilwasserwechsel.
- Durch die Zugabe von Stellacoryn®, einem speziell für die Cryptocorynenpflege und den Wasserwechsel entwikkelten Präparat wird der Befall gestoppt und die weitere Ausbreitung verhindert.

Ein Cryptocorynenschädling

Es gibt auch einen tierischen Schmarotzer, der unsere Cryptocorynen erheblich schädigen kann. Es handelt sich um ein Insekt – *Organothrips baudenii*. Das Weibchen kriecht in die Blattscheiden und legt mit Hilfe eines Legestachels ihre Eier nahe am Vegetationspunkt ab. Dort entwickeln sich dann die Larven, welche an den jungen Blättern schmarotzen. Als Folge davon treiben diese Blätter zwar unbeschädigt, aber deutlich verkrüppelt und im Wachstum zurückgeblieben aus. Dieser Schmarotzer kann den ganzen Cryptocorynenbestand im Aquarium gefährden.

Eine Bekämpfung läßt sich, wenn auch nicht immer beim erstenmal erfolgreich, mit Masoten – verschreibungs- und rezeptpflichtig (giftig), Welse vertragen es häufig nicht – durchführen in einer Dosierung von 30 mg auf 100 Liter.

Cryptocoryne usteriana

So sieht eine mit Organothrips befallene Cryptocoryne usteriana aus. Die jungen Blätter sind deutlich verkrüppelt.

Organothrips baudenii ▶

Und dies ist der Übeltäter – Organothrips baudenii. Das Bild zeigt ihn in 38facher Vergrößerung.

VIELES ÜBER ALGEN

Algen sind unschön und meist auch das sichere Zeichen, daß mit dem Aquarium etwas nicht stimmt.

Das Algenproblem ist sicher schon so alt, wie die Aquaristik selbst.

Manche Algenarten sind äußerst wuchsfreudig, hartnäckig und nur schwer zu bekämpfen.

Sporen von Algen findet man in jedem Aquarium und regelmäßig werden sie beim Zukauf von Wasserpflanzen eingeschleppt. Bei Milieuverschlechterungen vermehren sie sich schlagartig und können aus der Pflanzenpracht sehr schnell unansehnliche Fragmente werden lassen.

Die Ursachen eines Massenwuchses bzw. plötzliches Überhandnehmen der Algen können sehr vielgründig sein. Um etwas gegen diese Plage unternehmen zu können, muß man die Algen selbst und auch die Ursache des Wachstums kennen.

⇨ BLAUALGEN

Dunkelgrün bis blaugrün überziehen sie teppichartig den Bodengrund, die Dekoration und auch die Wasserpflanzen. Innerhalb kurzer Zeit werden die Pflanzen von solchen Algen buchstäblich erstickt.

Blaualgenbefall kann viele Ursachen haben

- Schlechter, faulender Bodengrund.
- Falsche Sand- bzw. Kieskörnung oder zu hohe Schichtung (mehr als 8 cm). Eine ausreichende Wasserdurchströmung des Bodengrundes ist dann nicht mehr möglich.
- Falsche Bodengrundzusätze wie Lehm, Mist, schlechter Torf und stickstoffreiche Zusätze führen sehr schnell zu Fäulnis.
- Verfaulende Tubifexwürmer.

Hohe Stickstoffmengen (Nitrat)

- Zu wenig Wasserwechsel.
- Falsche Wasserpflanzendüngung.
- Falsche Zierfischfütterung.
- Hohe Nitratmengen aus der Wasserleitung.
- Zu langes Belassen des Filtermaterials im Filter.
- Völliges Fehlen oder zu wenig Wasserpflanzen.
- Schlecht gesäubertes Dekorationsmaterial wie Wurzeln und Steine.

Falsche Beleuchtung

- Zu wenig Licht. Bei Wasserpflanzenbecken sind 0,4–0,7 Watt Beleuchtungsstärke per Liter Wasserinhalt nö-

tig; oder pro 10 cm Wassersäule eine Leuchtstofflampe.
- Alte Leuchtstofflampen. nach einem halben Jahr haben einige Lampen nur noch die Hälfte ihrer ursprünglichen Leuchtkraft.
- Falsche Lampenkombination (siehe Kapitel Licht).
- Zu kurze Beleuchtungsdauer. 12–13 Stunden täglich ist richtig.
- Direktes Sonnenlicht.
- Zu dichte Schwimmpflanzendecke.

Zu wenig Sauerstoff

- Zu viele Fische.

Die Blaualgenbekämpfung

- Nach der Ursache forschen.
- Ursache sofort abstellen.
- Für optimale Wasserverhältnisse sorgen. Hierzu eignen sich die verschiedenen Wassertest-Reagenzien bes. wichtig der O_2-Test.
- Wenn nötig, chemische Algenmittel, genau nach Gebrauchsanweisung verwenden.
- Abgestorbene Algen sofort absaugen.
- Wasserpflanzenbestand ergänzen.

BRAUNE SCHMIERALGEN

Als Kieselalgen sind sie den meisten Aquarianern wohl bekannt. Sie treten in jedem neueingerichteten Becken auf Scheiben und Bodengrund zutage.

Die Ursachen sind:

- Instabiles Wasser (bei Neueinrichtung).
- Mangelnder Stickstoffabbau.
- Zu wenig Sauerstoff.
- Stickstoffanhäufung (Nitrat über 50 mg/l).
- Zu wenig Licht.
- Weniger als 12 Stunden Beleuchtungsdauer.
- Hoher pH-Wert – über 7,5.

Die Bekämpfung der Braunalge

- Nach den Ursachen forschen und diese abstellen.
- Den hohen pH-Wert durch Filtern über Aktiv-Torf oder CO_2-Zugabe (30 mg/l nicht überschreiten) senken.
- Die Lichtintensität und die Beleuchtungsdauer erhöhen.
- Algenfressende Fische oder Apfelschnecken einsetzen.

PINSELALGEN

Diese Algen gibt es in nahezu allen Farbschlägen von grün über dunkelgrau bis schwarz. Sie besiedeln mit Vorliebe Wurzeln und die Blätter von hartlaubigen Wasserpflanzen. Manuell kann man sie nicht von ihrer Unterlage ablösen, ohne die Blätter zu beschädigen. Wenn sie überhandnehmen, sterben die befallenen Blätter rasch ab.

Ursachen:

- Zu hohe Nitratmenge im Aquarienwasser.
- Zu wenig Wasserwechsel.
- Instabile pH-Werte, z. B. 7,5–8,5.
- Zu hohe Karbonathärte – über 15° dH.
- CO_2-Mangel.

Die Bekämpfung der Pinselalge

- Verkürzung der Wasserwechselintervalle.
- CO_2-Zugabe mit CO_2-Diffusionsgerät.
- Wenn nötig (bei KH über 15° dH) eine Teilentsalzung des Wassers vornehmen.
- Über Aktiv-Torf filtern.
- Siam-Rüsselbarben einsetzen.

GRÜNE FADENALGEN

Sie stellen sich meist nur dann ein, wenn die Wasser- und Lichtverhältnisse in Ordnung sind. Sie stören aber nicht nur den optischen Eindruck des Aquariums, sondern verbrauchen auch sehr viel an Nährstoffen. Häufig treten sie auch watteartig in neueingerichteten Becken auf dem Bodengrund auf. In dieser Form löst sich die Alge wieder von allein auf, wenn das Becken „eingefahren" ist (nach ca. 3–4 Wochen).

Ursachen:

- Einschleppen beim Zukauf von Wasserpflanzen.

Die Bekämpfung der grünen Fadenalgen:

- Regelmäßig die langen Fäden manuell von der Unterlage entfernen.
- Bei Neueinrichtungen von Aquarien sofort algenfressende Fische zusetzen.

⇨ BARTALGEN

Sie sehen den grünen Fadenalgen sehr ähnlich und werden mit diesen auch des öfteren verwechselt. Ältere Bestände können bis 10 cm lang werden und zeigen eine grau- bis dunkelgrüne Färbung. Man kann diese Algen kaum vom Blatt lösen, ohne dieses zu beschädigen.

Ursachen:

- ○ Diese Algen werden meist mit zugekauften Pflanzen eingeschleppt.
- ○ CO_2-Mangel.
- ○ Hohe Nitrat-Mengen im Aquariumwasser.

Die Bekämpfung der Bartalgen:

- ○ Beim Zukauf der Pflanzen die befallenen Blätter sofort entfernen.
- ○ Zusätzliche CO_2-Zugabe.
- ○ Verkürzung der Wasserwechselintervalle.
- ○ Filterung über Aktiv-Filter-Torf.

⇨ PELZALGEN

Als hellgrüner, pelzartiger Rasen überziehen sie sehr dicht die Pflanzenblätter und führen zum Absterben der Blätter.

Ursachen:

- ○ Einschleppen beim Zukauf von Wasserpflanzen.
- ○ Hohe Nitratwerte im Aquariumwasser.
- ○ Gestörter Stickstoffabbau.

Die Bekämpfung der Pelzalgen:

- ○ Entfernen der befallenen Blätter vor dem Einsetzen in das Aquarium.
- ○ Häufiger Teilwasserwechsel ($\frac{1}{4}$–$\frac{1}{3}$).
- ○ Filter-Torf einsetzen.
- ○ Algenfressende Fische, wie die Siam-Rüsselbarben, Lebendgebährende und *Ancistrus*, einsetzen.

GRÜNE SCHWEBEALGEN

Diese Algenart ist auf den ersten Blick überhaupt nicht als solche zu erkennen. Als grüne Wassertrübung oder Wasserblüte hat sie schon manchen Aquarianer vor das Problem gestellt, sie wieder loszuwerden. Unter dem Mikroskop kann man sie durch die kugelrunde Gestalt und die auffällige Grünfärbung jedoch sicher als Grüne Schwebealge (Kugelalge) der Gattung *Volvox* identifizieren. Es sind dies vielzellige, algenähnliche Individuen von 0,5 bis 2 mm Größe, welche sich mit Geißeln im Wasser fortbewegen.

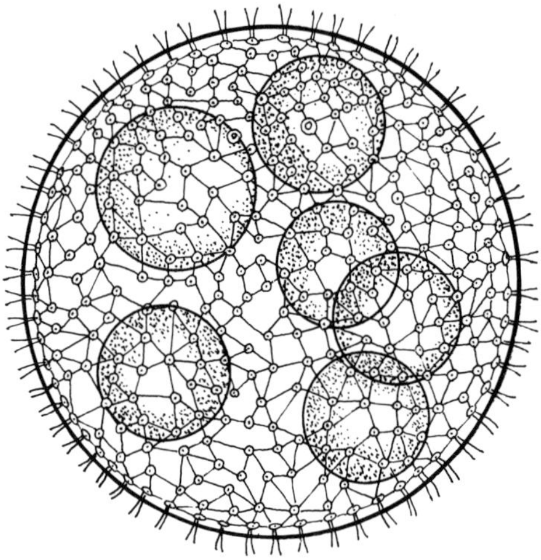

Die Ursache:

Diese Algen werden fast ausschließlich mit Tümpelfutter eingeschleppt.

Die Bekämpfung der Grünen Schwebealgen:

- Oft wird eine Bekämpfung dieser Trübung mit Wasserflöhen empfohlen. Dies ist aber nicht zu empfehlen, weil durch die Menge der im Warmwasseraquarium absterbenden Wasserflöhe das Wasser noch mehr belastet wird und dies zu einer verstärkten Vermehrung der Algen führt.
- Ausgezeichnet kann man diese Algen mit einer UV-Lampe bekämpfen.
- Bei geringem Befall hat sich zur Bekämpfung tropischer „Wasserschlauch" *Utricularia* bewährt.

▶

Wasserpflanzen für die Aquaristik werden heute erfolgreich nachgezüchtet!
Gleich ob in Europa oder Übersee (auf dem Bild ist eine Farm in Thailand [Korat] zu sehen), hier wird durch das Hobby Aquaristik „Artenschutz" aktiv betrieben.

VORBEUGEN IST BESSER

Gänzlich wird man Algen im Aquarium nie verhindern können, so den harmlosen Grünalgenaufwuchs z. B. an den Aquariumscheiben. Mit chemischen Mittel ist ein Bekämpfung zwar möglich, aber die Wasserpflanzen wachsen während der Behandlung auch nicht mehr. Wesentlich besser ist es, schon bei der Einrichtung des Aquariums vorzubeugen und den Bedürfnissen der Wasserpflanzen Rechnung zu tragen. Siehe Seiten 32, 33, 34.

Durch das Einsetzen algenfressender Fische und geeigneter Schnecken kann man den Algenwuchs weitgehend verhindern bzw. in akzeptablen Grenzen halten.

Empfehlenswerte Fische zur Algenprophylaxe sind:

- Siamesische Rüsselbarben *Crossocheilus* (früher *Epalzeorhynchus*) *siamensis* (mindestens 5 Stück)
- Antennenwelse *Ancistrus dolichopterus* (2–4 Tiere je 100 Liter Aquarienwasser).
- Lebendgebärende Zahnkarpfen, wie Black-Molly, Platys und Schwertträger.
- Florida Kärpflinge *Jordanella floridae*.
- Saugwelse aus der Familie der *Otocinclus*.
- Für große Becken ohne Wasserpflanzen werden *Plecostomus* empfohlen.

Empfehlenswerte Schnecken sind:

- Die Apfelschnecken der Familie *Ampularia*. (Genau hinterfragen ob die Art geeignet ist–es gibt auch Pflanzenfresser unter diesen Schnecken!).

Noch gibt es sie – Wasserpflanzen und die „Jugua" Indianer im tropischen Regenwald Kolumbiens. Beide sind aber durch das Abholzen der Regenwälder bedroht.

Schnellwüchsige dekorative Stengelpflanzen

Es gibt unter den Aquarienpflanzen Arten, die besonders leicht zu kultivieren sind, andererseits aber auch solche, die besondere Ansprüche stellen und die sich bisweilen sogar als heikel erweisen können. Die Mehrzahl der Stengelpflanzen zeichnet sich dadurch aus, daß ihre Kultur kaum größere Schwierigkeiten bereitet.

Sie gewöhnen sich oft innerhalb weniger Tage an ein neues Aquarienmilieu, und sofern ihnen die Verhältnisse zusagen, entfalten sie schon innerhalb kurzer Zeit ein freudiges Wachstum, oft sogar derart üppig, daß der Aquarianer nur allzu oft eingreifen muß, um die Triebe zu kürzen. Doch es ist ja gerade dieses freudige Wachstum, das wir im Aquarium brauchen, um ein gesundes „Pflanzenmilieu" zu erreichen. Viele Stengelpflanzen sind infolge ihres raschen Wachstums – wie kaum andere Aquarienpflanzen – vermehrt auf Blattdüngung angewiesen. Das sollten wir stets beachten und das Wasser regelmäßig vorsichtig nachdüngen, am besten bei einem gleichzeitigen Teilwasserwechsel.

Wir können allerdings nicht alle Stengelpflanzen als anspruchslos bezeichnen, da einige von ihnen – wie z. B. die Wasserhaarnixe (*Cabomba aquatica*) – viel Licht benötigen, sollen sie ihr frisches Grün in voller Üppigkeit zur Entfaltung bringen. Ganz allgemein benötigen Stengelpflanzen mehr Licht, als wir es z. B. einer Cryptocorynengruppe zukommen lassen würden.

Eines erscheint hier noch bemerkenswert: Viele dieser Pflanzen sind in der freien Natur Sumpfpflanzen. Sie haben sich, wie viele Pflanzen, die wir im Aquarium halten, also nur zwangsweise dem Unterwasserleben im Aquarium angepaßt. Bei einigen Stengelpflanzen wird diese Tatsache dadurch offenbar, daß sie stets die Neigung haben, über den Wasserspiegel hinauszuwachsen. Doch läßt sich dem durch rechtzeitiges Einkürzen vorbeugen. Dabei wird in der Regel die Stengelbasis eingekürzt und neu gesteckt. Oft läßt sich auch durch einfaches Kürzen der Triebe eine Verzweigung erreichen, jedoch nicht bei allen Arten mit gutem Erfolg.

Bei der Gruppenpflanzung wird allgemein abgestuft gepflanzt, d. h. die Stengellängen sollen zum Hintergrund ansteigen. Nicht zu dicht pflanzen (Lichtentzug).

Allgemein sind Stengelpflanzen ein Pflanzentypus mit stets freudigem Wachstum, sie bedürfen aber gerade wegen dieses schnellen Wuchses auch häufiger Eingriffe durch den Aquarianer (Einkürzen, neue Stecklinge usw.). Noch eines ist bei der Kultur von Stengelpflanzen besonders einfach: sie lassen sich ausnahmslos und ohne Schwierigkeiten als Stecklinge heranziehen.

Zuweilen werden einige Stengelpflanzen in ihrer emersen Form vom Handel angeboten. Sie benötigen im Aquarium meist eine Eingewöhnungsphase bis sie ihren typischen submersen Wuchs zeigen.

Papageienblatt

Alternanthera reineckii
Kultivierte Pflanzen stammen aus Brasilien.

Von den Wasserpflanzen mit rötlicher Blattfärbung erfreuen sich die Papageienblatt-Arten besonderer Wertschätzung bei den Aquarianern. Eine Reihe dieser buntblättrigen Arten ist im Handel. Von ihnen ist die formenreiche *Alternanthera reineckii* die schönste und im Aquarium am haltbarsten Art. Leider neigen diese Stengelpflanzen mit gegenständigen Blättern im Aquarium dazu, etwas von ihrer ursprünglichen Farbschönheit zu verlieren. Dies ist in erster Linie eine Folge der im Aquarium meist verminderten Beleuchtung. Je mehr Licht wir diesen Pflanzen gewähren, desto haltbarer und stabiler erweist sich ihre Blattfärbung und desto weniger neigen sie zum Vergrünen. Vermutlich ist an der Ausfärbung auch der Eisengehalt des Wassers beteiligt, so daß auch hier auf regelmäßige Wasserpflege nochmals verwiesen sei. In der Regel vermißt man bei *Alternanthera* die Raschwüchsigkeit anderer Stengelpflanzen. Zum Wachstumsstillstand kommt es stets dann, wenn das Wasser merklich an Kohlendioxid verarmt. Auch hier ist erhöhte Aufmerksamkeit geboten. Kohlendioxid-Düngung und hohe Beleuchtungsstärke sind für das Papageienblatt eine wichtige Voraussetzung für kräftigen Wuchs. Gerade hier macht sich dieser Aufwand schon dadurch bezahlt, daß wir über farbprächtige Stengelpflanzen verfügen, die in ihrer dekorativen Wirkung kaum von anderen Stengelpflanzen erreicht werden. Als Kontrastbepflanzung kann man *Alternanthera* im Aquarium nahezu universell einsetzen.

Im Handel gibt es verschieden Rassen des Papageienblattes so u. a. *Alternanthera reineckii* „lilacina“ (Bild) und „rosaefolia“ mit leicht gewelltem Blattrand.

Großes Papageienblatt
Alternanthera reineckii

Kognakpflanze *Ammannia senegalensis*

Kognakpflanze

Ammannia senegalensis
Tropisches Afrika

Eine kleine, etwas variable, amphibisch wachsende Pflanze, die wie *Didiplis* und *Rotala* zu den Weiderichgewächsen (*Lythraceae*) gehört. Die lanzettlichen, grünlich bis rötlichbraunen, submersen Blätter messen etwa 20–30 mm. Man bevorzugt diese relativ anspruchsvolle Art als niedrige Gruppenpflanzung im Vordergrund vor allem wegen ihrer Blattfärbung. Damit diese farbliche Wirkung nicht verlorengeht, sollte man solche Gruppen nicht zu klein gestalten. Es sind viele Stecklinge notwendig, um einen ansehnlichen Bestand zu formieren. Nötigenfalls wird man deshalb zunächst weitere Triebstecklinge gewinnen, um genügend Ausgangsmaterial zu haben. Abschattung durch hohe Pflanzen vermeiden. Benötigt hohe Lichtintensität und weiches Wasser mit CO_2-Düngung. Temperatur 22–28° C. Gleichfalls im Handel ist die ähnliche *Ammannia gracilis*, die Große Kognakpflanze mit bis zu 80 mm langen Blättern. Kultur wie *Ammannia senegalensis*.

Kognakpflanze *Ammannia senegalensis*

Fettblatt-Arten

Bacopa caroliniana
Südöstliches Nordamerika

Wie der deutsche Name schon andeutet, hat diese Aquarienpflanze derbe Blätter. Sie sind meist rundlich-oval geformt und können im Aquarium bis zu 2 cm lang werden. Das Fettblatt ist eigentlich eine ausgesprochene Sumpfpflanze. Es wächst deshalb im Aquarium auch nicht sonderlich schnell. Man pflanzt *Bacopa* in kleinen Gruppen an möglichst voll belichtete Standorte, z. B. im Mittelgrund des Aquariums. Bei größeren Becken wirkt diese Pflanze auch im Vordergrund sehr dekorativ. Aber auch für kleinere Aquarien ist *Bacopa* gut geeignet. Entsprechend seiner nordamerikanischen Herkunft stellt das Fettblatt keine spezifischen Temperaturforderungen. Es kann ebenso in Kaltwasserbecken gezogen werden, wie es sich auch den Bedingungen des Tropenaquariums gut anpaßt. Man muß nur dafür Sorge tragen, daß die Pflanzen genügend Licht bekommen. Eine ähnliche, jedoch schmalblättrige und zartere Art ist *Bacopa monnieri* aus dem tropischen und subtropischen Amerika. Beide Arten sind durch Stecklinge gut zu vermehren, neigen aber in flachen Becken dazu, über den Wasserspiegel des Aquariums hinauszuwachsen.

Fettblatt
oben: *Bacopa caroliniana*
links: *Blüte von B. monnieri*
rechts: *Blüte von B. caroliniana*

Haarnixen

Cabomba-Arten
Tropische und warme Gebiete Amerikas

Die Haarnixen, bei den Aquarianern meistens kurz *Cabomba* genannt, gehören mit ihren überaus feingegliederten, leuchtend grünen, dekorativen Blättern ohne Frage zu den schönsten Stengelpflanzen, leider aber auch bezüglich der Lichtansprüche zu den anspruchsvollsten. Will man wirklich kräftige, schöne *Cabomba*-Triebe haben, sollte man keinesfalls mit Licht sparen und lieber eine oder zwei Leuchtstofflampen mehr anbringen. Wenn der Beleuchtungsabstand relativ groß ist, (vom Bodengrund bis zur Lampe mehr als 40 cm) empfehlen sich Hochdrucklampen mit hoher Strahlungsintensität.

Die Forderung, daß alle *Cabomba*-Arten für guten Wuchs ausnahmslos weiches Wasser benötigen, ist heute nicht mehr unbedingt aufrechtzuerhalten. Wohl entwickelt sich *Cabomba* in weichem Wasser zu wahren Prachtexemplaren, doch auch mittelhartes Wasser ist durchaus geeignet, sofern eine CO_2-Düngung zur Verfügung steht.

Es sind eine ganze Reihe verschiedener *Cabomba*-Arten im Handel, von denen die nordamerikanische *Cabomba caroliniana* („Karolina-Haarnixe") mit ihren Varietäten am häufigsten ist. Diese Art kann als verhältnismäßig anspruchlos gelten. Mehr Pflegeaufwand erfordert *Cabomba piauhyensis* aus Mittelamerika und dem nördlichen Südamerika. Sie behält auch im Aquarium eine leichte bräunlich-rötliche Blattfärbung, wenn sie sehr intensiv beleuchtet wird (Hochdrucklampen). Am anspruchsvollsten und schönsten ist

***Cabomba aquatica*, eine recht anspruchsvolle Haarnixen-Art**

Die Carolina-Haarnixe *Cabomba caroliniana* ist für die Aquarienkultur besonders empfehlenswert. Die an der Wasseroberfläche erscheinenden weißen Blüten werden nur unter optimalen Lichtverhältnissen beobachtet. Die Blüte im Kreisausschnitt ist von *C. piauhyensis*.

aber *Cabomba aquatica*. Bei dieser Art sind weiches Wasser und CO_2Düngung, pH 6,5 sowie Nährstoffbeimischung zum Bodengrund die Voraussetzung für optimalen Wuchs, außerdem sehr gute Lichtverhältnisse. *C. aquatica* wird an Schönheit wohl von keiner anderen Art übertroffen. Sie sollte stets bei 22 bis 24° C gehalten werden. (Über die Aufschlüsselung weiterer Arten nach Blattmerkmalen siehe: Brünner „Aquarienpflanzen", Literaturverzeichnis Seite 190).

Wie bei allen Stengelpflanzen ergibt sich auch bei *Cabomba* die Frage, ob man die Triebe kappen, aus dem Boden herausnehmen oder über dem Bodengrund abschneiden soll, um sie eingekürzt neu zu stecken. Ohne Frage ist Einkürzen und Neustekken die bessere, wenn auch umständlichere Methode. Gekappte Pflanzen sehen oft unschön aus, besonders, wenn es mit einem Neuaustrieb bzw. einer Verzweigung bei den meisten Arten doch nicht so recht klappen will. Bei *Cabomba* würde ich stets neue Stecklinge empfehlen. Bei einigen anderen Stengelpflanzen empfiehlt sich das schon von selbst, sie werden unten kahl; bei ihnen noch auf neuen Austrieb zu warten, wäre gar zu optimistisch.

Hornkraut

Ceratophyllum-Arten
Weltweit verbreitet

Von den auch in unseren Gewässern vorkommenden Hornkrautarten *Ceratophyllum demersum*, dem Gemeinen Hornkraut und *Ceratophyllum submersum*, dem Zarten Hornkraut, ist vor allem *Ceratophyllum demersum* als Aquarienpflanze verbreitet. *Ceratophyllum demersum* ist auch im Tropenaquarium gut haltbar und entwickelt hier eine sehr wüchsige Anpassungsform. Unter geeigneten Bedingungen entwickeln die Pflanzen ein so rapides Wachstum, daß wöchentliches Auslichten dringend geboten ist. In der Regel wird das Hornkraut frei treibend im Aquarium gehalten. Die lichtdurchfluteten feinblättrigen Pflanzenbüschel wirken dann besonders dekorativ. Sehr schön wirken auch gesteckte Bestände. Dies sind jedoch nur in ungeheizten Becken haltbar (Pflanzen etwas brüchig). Bei der Neueinrichtung eines Aquariums dienen einige Büschel dieser wurzellosen Pflanze der Förderung des günstigen „Wuchsklimas", d. h. ihr rapides Wachstum bindet überschüssige Nährstoffe und verhindert weitgehend Algenwuchs.

Gemeines Hornkraut
Ceratophyllum demersum

Amerikanische Bachburgel

Didiplis diandra
Nordamerika

Obschon aus den gemäßigten Breiten Nordamerikas stammend, ist *Didiplis* recht gut im Tropenaquarium einzugewöhnen. Ihre submersen Blätter sind linealisch etwa 15 mm lang und kaum 1,5 mm breit. Dieser zierliche gedrungene Wuchs mit lebhaft grüner Blattfärbung hat die Amerikanische Bachburgel bei Aquarianern zu einer beliebten Pflanze gemacht. Dies auch deshalb, weil sie in ihren Kulturansprüchen relativ bescheiden ist und eine hohe Anpassungsfähigkeit unter Aquarienbedingungen zeigt. Wie alle Stengelpflanzen sollte *Didiplis* jedoch genügend Licht erhalten, damit der Wuchs kompakt bleibt. Die Vermehrung geschieht durch Stengelstecklinge. Die Temperatur ist auf 20–24° C zu halten.

Amerikanische Bachburgel
Didiplis diandra

Argentinische Wasserpest

Egeria densa
Argentinien

Wasserpestarten gelten allgemein als anspruchslos und waren früher ausgesprochene Anfängerpflanzen. Sie sind aber im Warmwasseraquarium allgemein nicht gut haltbar. Am ehesten eignet sich hier noch die Argentinische Wasserpest, die aufgrund ihrer Herkunft auch bei Temperaturen um 20° C noch ausdauernd wächst, vorausgesetzt, sie bekommt reichlich Licht und das Wasser ist nicht extrem weich. Wird *Egeria densa* im Aquarium durch andere Pflanzen abgeschattet oder sind die Lichtverhältnisse unzureichend, entartet sie schnell zu einer wenig ansprechenden, dünnstengeligen Kümmerform. Ansonsten recht anspruchslos.

Am besten pflanzt man diese Art in den Mittel- oder Hintergrund, bei einer Wassertiefe von etwa 40 cm und voller Beleuchtung in temperierte Aquarien, die z. B. mit Scheibenbarschen besetzt sind. Die gestalterische Einordnung von *Egeria densa* in einen Pflanzenbestand ist nicht ganz einfach. Gutes Wachstum vorausgesetzt, sind alle *Egeria* sowie die ihnen sehr nahestehenden *Elodea*-Arten gute Sauerstoffproduzenten und auch noch für härtestes Wasser geeignet. Sie gedeihen selbst noch bei pH-Werten um 8. Große Bestände können bei starker Belichtung ihrerseits den pH-Wert durch Bikarbonatassimilation in die Höhe treiben. *Elodea canadensis*, die Wasserpestart unserer heimischen Gewässer, ist nur für Kaltwasserbecken geeignet.

Argentinische Wasserpest ▶
Egeria densa

Dünnstielige Wasserhyazinthe

Eichhornia azurea
Zentralamerika bis Nordargentinien

Eine im Gegensatz zu *Eichhornia crassipes* (Seite 153) mit niederliegenden Sprossen auf der Wasseroberfläche wachsende Wasserhyazinthen-Art mit azurblauen bis weißen Blüten. Für Aquarien ist hier vor allem die untergetauchte Anpassungsform von Interesse. Sie wächst mit zweizeilig stehenden linealischen Blättern der Wasseroberfläche entgegen und wirkt außerordentlich dekorativ. Die Pflanze ist auf die Dauer nicht ganz leicht zu kultivieren. Submerse Formen von *Eichhornia azurea* benötigen vor allem volles Licht und leicht saures, weiches Wasser mit CO_2-Düngung. Die Triebe müssen frühzeitig, d. h. bevor sie die Wasseroberfläche erreicht haben, neu gesteckt werden.

Die untergetauchten – auch als Palmwedelkraut bezeichneten – Triebe der Dünnstieligen Wasserhyazinthe verleihen der Unterwasserlandschaft eine besonders dekorative Note

Sternpflanze

Eusteralis stellata
Südostasien

Die untergetaucht Form dieser tropischen Sumpfpflanze bildet mit ihrer zierlichen Belaubung prächtige Pflanzengruppen. Ihre Pflege ist allerdings nicht ganz einfach. Wichtig sind vor allem hohe Lichtenergie und möglichst weiches, leicht saures Wasser. Sorgt man zudem für ausreichend CO_2 und hält die Temperatur bei 25° C, so entwickelt *Eusteralis stellata* ein kräftiges Wachstum. Nicht selten bekommt man im Handel emers angezogene Pflanzen, deren 5zählige Blattquirle schmal-lanzettliche Blätter tragen. Daraus entwickelt sich die untergetauchte Form mit kaum mehr als 2 mm breiten zarten Blättern, die in 5–12zähligen Quirlen stehen. Nicht selten hat die Pflanze im Aquarium ihre Launen, indem die Triebe plötzlich ihr Längenwachstum einstellen. Vermehrung durch Stecklinge.

Sternpflanze *Eusteralis stellata* eine sehr dekorative Vordergrundpflanze

Perlenkraut

Hemianthus micranthemoides
Nordamerika

Unter dem Namen „Perlenkraut" sind zierliche Stengelpflanzen mit schmal-elliptischen bis mehr oder weniger rundlichen Blättern im Handel. Diese Pflanzen gehören teilweise zu *Hemianthus micranthemoides (Micranthemum micranthemoides)*, teilweise sind sie einer Art der sehr nahestehenden Gattung *Micranthemum* nämlich *Micranthemum umbrosum* zuzurechnen. Die letztere Art besitzt mehr breit elliptische bis rundliche, gegenständige Blätter und ist überwiegend im tropischen Amerika beheimatet. *Hemianthus micranthemoides* erscheint zarter mit meist quirlständigen Blättern. Beide Arten werden wegen ihres besonders zierlichen Wuchses geschätzt. Man wird ihnen vorzugsweise einen Platz im Vordergrund des Aquariums zuweisen. Sie verlangen besonders intensive Beleuchtung und Temperaturen um 22° C. Triebstecklinge müssen genügend lang sein und sehr behutsam gesteckt bzw. verankert werden.

Perlenkraut
Hemianthus micranthemoides

Seegrasblättriges Trugkölbchen

Heteranthera zosterifolia
Tropisches Südamerika

Von allen eingeführten *Heteranthera*-Arten hat sich diese Art wegen ihrer einfachen Kultur und ihres hohen Dekorationswertes seit nunmehr fast 100 Jahren als Favorit unter den Stengelpflanzen behaupten können. Für einen dekorativen Wuchs benötigt diese Pflanze allerdings, soll sie nicht schmalblättrig und schmächtig werden, eine gute Beleuchtung, also einen möglichst geringen Lampenabstand. Deshalb ist das Seegrasblättrige Trugkölbchen ganz besonders für kleinere, flache Aquarien geeignet. Bei hohen Becken sind Hochdrucklampen zu verwenden. Wie alle Stengelpflanzen kommt diese *Heteranthera* in der Gruppenpflanzung am schönsten zur Geltung. Unter zusagenden Verhältnissen zeigt sich *Heteranthera zosterifolia* ziemlich raschwüchsig, ohne dabei aber die Neigung zu haben, über

Seegrasblättriges Trugkölbchen
Heteranthera zosterifolia

den Wasserspiegel hinauszuwachsen. Zu hochwüchsige, unten kahl werdende Bestände sollten rechtzeitig neu gesteckt werden. Wichtig ist regelmäßiger Teilwasserwechsel. Am üppigsten entwickelt sich *Heteranthera zosterifolia* in weichem, leicht saurem Wasser und CO_2-Düngung. Temperatur um 24° C. Stecklinge bilden ein reiches Wurzelsystem, eine Nährstoffbeimischung zum Kiesgrund ist ratsam.

◀ Das Seegrasblättrige Trugkölbchen *Heteranthera zosterifolia* bildet im Aquarium Überwasserformen nur bei flachem Wasserstand und hoher Lichtenergie. Unter solchen Bedingungen entwickeln sich auch die zierlichen Blütenstände.

Südamerikanischer Wassernabel *Hydrocotyle leucocephala*

Südamerikanischer Wassernabel

Hydrocotyle leucocephala
Tropisches Südamerika

Beim Wassernabel denkt man zunächst an unseren heimischen Wassernabel *(Hydrocotyle vulgaris)*, der im Warmwasseraquarium jedoch nur bedingt haltbar ist. Als ausdauernder und wüchsiger hat sich sein tropischer Verwandter *Hydrocotyle leucocephala* erwiesen. Blätter mehr oder minder nierenförmig, Rand gebuchtet, zum Stielansatz tief eingeschnitten. Diese Art wächst aber im Aquarium nicht kriechend am Boden, sondern sendet ihre Triebe aufwärts. Wer es je versucht hat, sie als Bodenbedecker ständig wieder einzupflanzen, wird es bald aufgeben. Tatsächlich ist diese Pflanze mit ihren schräg aufwärts gerichteten, hellgrünblättrigen Trieben eine Vordergrundpflanze besonderer Art. Sie stellt zwar hinsichtlich der Beleuchtung einige Ansprüche (Lichtbedarf hoch), ist aber sonst sehr anpassungsfähig. Die Temperatur sollte möglichst konstant bei 22–25° C liegen, jedoch verträgt *Hydrocotyle leucocephala* auch niedrigere Temperaturen (bis 12° C). Gelegentliches Einkürzen bei zu starkem Wuchs ist nötig. Sowohl für kleinere als auch größere Aquarien geeignet.

Europäischer Wassernabel

Hydrocotyle vulgaris
Europa

Der heimische Wassernabel ist keine aufrechte Stengelpflanze, sondern seine Stengel wachsen kriechend über den Boden. Diese Art findet im Aquarium ausschließlich als Vordergrundbepflanzung Verwendung, und hier ist ein kleiner Bestand in einem größeren Aquarium von besonders hohem dekorativen Wert. Das beruht nicht zuletzt auf der ungewöhnlichen Gestalt des Blattes. Die Blattspreite ist fast kreisrund und steht auf mehr oder weniger langen Stielen. Bei uns wächst *Hydrocotyle vulgaris* im Freien stets als Sumpfpflanze und paßt sich nur gelegentlichen Überschwemmungen an. Diese Anpassungsfähigkeit ist es, die wir bei dieser Pflanze im Aquarium nutzen, mit mehr oder weniger Erfolg. Einigen Aquarianern glückt es auf Anhieb, diese Pflanze auf längere Zeit bei den unnatürlichen Wärmegraden des Tropenaquariums zu halten, ohne daß sie dabei an dekorativem Wert verliert. Andere Aquarienfreunde haben weniger Glück mit dieser Pflanze, sie wird langstengelig, die Blätter werden immer kleiner, und schließlich geht der Wassernabel ein. Wichtig für einen „Dauererfolg" ist nährstoffreicher, saurer Boden (Torf, Ton), sehr gutes Licht, keine zu hohe Temperatur (Maximum 22° C) und ein pH-Wert um 6,5.

Sehr ähnlich ist auch *Hydrocotyle verticillata* (Amerika, Afrika, Australien, Polynesien), gleichfalls kriechend wachsend jedoch mit offenbar besserer Wärmeanpassung.

◀
Europäischer Wassernabel
Hydrocotyle vulgaris

Riesenwasserfreund

Hygrophila corymbosa
Südostasien

Wie der Indische Wasserfreund *(Hygrophila polysperma)* eine der populärsten Aquarienpflanzen, kommt jedoch wegen seiner Größe (Blattlänge etwa 8 cm) nur für halbwegs geräumige Aquarien in

Der Riesenwasserfreund *Hygrophila corymbosa*, eine dekorative, sehr wüchsige und ausdauernde Wasserfreund-Art. Die zarten, blaßvioletten Blüten erscheinen nur an Überwassertrieben (siehe auch S. 59).

Frage. Dort kann man den Riesenwasserfreund entweder als kleine Solitärgruppe oder auch – je nach Behältergröße – als größere Hintergrundpflanzung verwenden. Stecklinge bewurzeln sich im Kiesgrund sehr rasch. Mitunter werfen die Pflanzen plötzlich die unteren Blätter ab. Dies kann an einer zu dichten Pflanzung liegen. Bisweilen handelt es sich auch um eine Stoffwechselstörung, die durch Frischwasserzufuhr und CO_2-Düngung zu beheben ist. In jedem Fall werden die eingekürzten Stengel neu gesteckt.

Diese raschwüchsige Stengelpflanze stellt keine speziellen Anforderungen, toleriert auch härteres Wasser, jedoch ist dekorativer Wuchs nur bei voller Beleuchtung zu erzielen. Bei Neueinrichtung ist ein Nährstoffdepot im Bodengrund vorteilhaft. Bei niedrigem Wasserstand neigen die Pflanzen zu Überwassertrieben, stets rechtzeitig einkürzen.

Interessant sind auch die allabendlich wiederkehrenden „Schlafbewegungen" der Blätter, die besonders an den Triebspitzen deutlich werden. Temperaturbereich 22–28° C.

Vom Riesenwasserfreund sind mehrere Wuchstypen im Handel. Am häufigsten trifft man Pflanzen mit mehr oder minder breit lanzettlichen (maximal 12 cm lang, 4,5 cm breit, meist kleiner) Blättern an. Es gibt aber auch ausgesprochen riesenwüchsige Rassen sowie solche mit schmaleren Blättern. Auch die Färbung kann von hellgrün bis zu bräunlichen Tönungen wechseln, doch ist dies vielfach auch milieubedingt.

Schmalblättriger ist auch der sog. Thailändische Wasserfreund, den man zum *Hygrophila stricta*-Komplex rechnet. Blätter bis 15 cm lang, jedoch nur 25 mm breit. Hiervon ist auch eine etwas breitblättrigere afrikanische Herkunft im Handel. Angeboten wird ferner der Schmalblättrige oder Weidenblättrige Wasserfreund *Hygrophila angustifolia (H. salicifolia)*. Blätter fast linealisch bis sehr schmal lanzettlich, etwa 12 cm lang und 10–15 mm breit. Eine recht großwüchsige Art, die sich für geräumige Behälter eignet. In den Kulturansprüchen weichen diese Arten nicht von *Hygrophila corymbosa* ab.

Indischer Wasserwedel

Hygrophila difformis
Indien bis Malaya

Diese früher unter dem Namen *Synnema triflorum* bekannte Pflanze zählt zu den beliebtesten Aquarienpflanzen, und das nicht ohne Grund. Sie ist nicht nur bemerkenswert schön, sie erweist sich bei guten Kulturbedingungen auch als enorm wüchsig und ist im Aquarium äußerst vielseitig verwendbar.

Man kann Einzeltriebe in kleinen Aquarien verwenden, wo das lebhafte, helle Grün der dekorativen Blattrosetten gegenüber einigen dunkelblättrigen Cryptocorynen besonders schön zur Geltung kommt. Doch am schönsten ist diese Pflanze in Gruppenpflanzungen in größeren Aquarien. Hier ordnet man die Stengel abgestuft und relativ gedrängt an. Die Pflanzung selbst bereitet keine Schwierigkeiten. Man steckt die Triebe entsprechend nebeneinander, sie bewurzeln sich sehr leicht. Gut eingewachsene Pflanzen bilden auch Ausläufer über dem Boden. Die Pflegearbeiten beschränken sich auf das Einkürzen, wobei diese Art kaum die Neigung hat, Überwassertriebe zu bilden. In ihren Kulturansprüchen erweist sich die „Wasserwistarie“ zwar als anpassungsfähig, es bestehen jedoch kaum Zweifel, daß man die schönsten Pflanzen mit den üppigsten Blattrosetten nur bei voller Beleuchtung und regelmäßiger Wasserpflege

Indischer Wasserwedel
Hygrophila difformis

Besonders auffallend ist bei der Pflanze die völlige Veränderung der Blattform bei Überwassertrieben. Die Blüten erscheinen in den Blattachseln.

(Teilwasserwechsel, CO_2-Düngung) erzielt. Wichtig ist auch eine möglichst gleichmäßige Temperatur von etwa 24° C. Auch mittelhartes Wasser bietet gute Wachstumsvoraussetzungen. Von *Hygrophila difformis* gibt es eine weiß-grüne Form mit weißen Blattadern. Sie ist in der Pflege anspruchsvoller. Im submersen Wuchscharakter ähnlich, jedoch wesentlich feinfiedriger, ist *Hygrophila balsamica* (Indien, Sri Lanka), deren untergetauchte Blätter nur 1–2 mm breite Fiedersegmente tragen. Eine dekorative Art, die aber leider Giftstoffe enthält. Vor ihrer Verwendung im fischbesetzten Aquarium muß deshalb gewarnt werden!

Indischer Wasserfreund

Hygrophila polysperma
Südostasien

Nicht umsonst zählt der Indische Wasserfreund zu den verbreitetsten und beliebtesten Aquarienpflanzen, so daß diese Wasserpflanze wohl kaum einer besonderen Empfehlung bedarf. *Hygrophila polysperma* ist im Aquarium sowohl als Hintergrundpflanze wie – in größeren Aquarien – als Mittelgrundgruppenbepflanzung geeignet. Die leuchtendgrüne Blattfärbung kommt besonders gut in einer Kontrastpflanzung zu dunkellaubigen Cryptocorynengruppen zur Geltung.

Indischer Wasserfreund *Hygrophila polysperma*

Hier sind kleine, kompakte Gruppen besonders wirkungsvoll. Der Indische Wasserfreund gilt zwar allgemein als völlig anspruchslos, doch sollte man dies nicht zu wörtlich nehmen. Gutes Oberlicht, also keine Abschattung durch große, breitblättrige Pflanzen, ist für einen gedrungenen, kräftigen und dekorativen Wuchs durchaus erforderlich. Zwar verträgt die Pflanze gelegentliches Absinken der Temperaturen ohne Schaden, doch optimalen Wuchs wird man nur im Bereich von 22 bis 28° C erzielen. Besondere Anforderungen an das Wasser stellt diese Pflanze nicht, jedoch ist auf ausgeglichenen CO_2-Haushalt zu achten. Wasserpflege mit eisenbetonter Aufdüngung wichtig. Während die länglich-elliptischen Blätter von *Hygrophila polysperma* normalerweise etwa 5 cm lang werden, gibt es auch großwüchsigere Pflanzen z. T. mit bräunlich getönten Blättern, die offenbar gleichfalls zu *Hygrophila polysperma* gehören.

Desweiteren sind noch einige *Hygrophila-Arten* im Handel, die mehr oder minder an *Hygrophila polysperma* erinnern, deren Artstatus jedoch noch ungeklärt ist. In der Pflege unterscheiden sie sich jedoch im allgemeinen nicht von den genannten Arten.

Madagaskar „Wasserpest“

Lagarosiphon madagascariensis
Madagaskar

Eine nahe Verwandte der früher populären sog. „Krausen Wasserpest“ (*Lagarosiphon major*), die aber im Wuchs erheblich zarter ist und weit eher an eine echte Wasserpest-Art (*Elodea*) erinnert. Aufgrund ihrer tropischen Herkunft eignet sich diese kleine Stengelpflanze hervorragend für das Warmwasseraquarium. In jedem Fall

Madagaskar Wasserpest
Lagarosiphon madagascariensis

sollte man ihr aber einen vollbelichteten Standort im Aquarium zubilligen. Bei Lichtmangel wird der Wuchs recht spärlich. Besonders kräftige Exemplare zieht man, wenn man die Pflanzenbüschel direkt unter der Wasseroberfläche des Aquariums frei treiben läßt. Dies verstößt wohl gegen das Ordnungsgefühl mancher Aquarianer, dürfte aber der natürlichen Wuchsart dieser Pflanze am meisten entsprechen. Wie bei *Elodea* ist ein Einpflanzen hier nicht erforderlich. Dennoch kann man natürlich *Lagarosiphon* in kleinen Gruppen setzen. Besonders im Vordergrund bieten solche Bestände prächtige Perspektiven und kommen vor allem in kleineren Aquarien gut zur Wirkung. Auch in mittelhartem Wasser gut wachsend. Vermehrung durch Stecklinge und Triebstücke.

Graspflanzen

Lilaeopsis-Arten
Amerika, Australien, Neuseeland

Lilaeopsis-Arten werden im Aquarium wegen ihrer dichten rasenartigen Wuchsform besonders geschätzt. Es sind Stengelpflanzen, deren Stengel jedoch niederliegend wächst und an den Knoten grasartig-zarte Blätter und feine Wurzeln trägt. An den Fundorten wachsen die Pflanzen oft amphibisch, z. T. auch emers. Damit sich die Graspflanze im Aquarium zu dichten rasenartigen Beständen entwikkelt, ist ein ungehinderter Lichteinfall unumgänglich. Also die Pflanzen an den hellsten Stellen des Aquarienvordergrundes ansiedeln. Vom Handel werden nicht selten emers angezogene Pflanzen angeboten. Ihre Etablierung im Aquarium dauert eine Weile, vor allem nicht zu tief pflanzen, am besten mit kleinen Steinen beschweren, bis die Pflanzen angewachsen sind.

Die in Aquarien kultivierten Pflanzen gehören fast ausnahmslos zu *Lilaeopsis brasiliensis* einer von Südbrasilien bis Nordargentinien verbreiteten Art.

Graspflanze *Lilaeopsis brasiliensis*

Sumpffreund-Arten

Limnophila-Arten
Tropisches Südostasien

Limnophila-Arten ähneln auf den ersten Blick den Haarnixen (*Cabomba*), doch lassen sie sich leicht von diesen unterscheiden: bei *Limnophila* sitzen die einzelnen Blattsegmente stets kreisförmig regelmäßig um den Stiel, sie bilden einen Blattquirl. Bei *Cabomba* hingegen sind die gegenständigen, gestielten Blätter mehrfach gabelig geteilt. Im übrigen sind *Limnophila*-Arten genau so prachtvolle Stengelpflanzen wie *Cabomba*, dabei aber in ihren Lebensbedürfnissen nicht ganz so anspruchsvoll. Das betrifft vor allem den Lichtanspruch, obwohl auch *Limnophila*-Arten hier nicht gerade als bescheiden gelten können. Ein sehr heller, unbeschatteter Standort im Aquarium ist wichtig, damit sie ihre volle Pracht entfalten können. Die Pflanzen kommen nur in recht kompakten Gruppenpflanzungen voll zur Wirkung. *L. sessiliflora* kann so zu einem anziehenden Blickpunkt des Aquariums werden. Diese Art ist am häufigsten im Handel, ihr Blattquirl erreicht etwa 4 cm Durchmesser. Sie ist durch ihren schönen, gedrungenen Wuchs und dichte Belaubung eine der prächtigsten und bewährtesten Aquarienpflanzen. Wesentlich kräftiger und größer im Wuchs ist *Limnophila aquatica* aus Sri Lanka, die „Riesenlimnophila", deren Blattquirle bis 12 cm Durchmesser erreichen. Sie kann deshalb nur für große Aquarien empfohlen werden. Eigenartig ist bei dieser Art, daß sie sich nicht nur aus Stecklingen vermehren läßt, sondern auch bodenliegende Ausläufer bildet wie *Hygrophila difformis*. Alle *Limnophila*-Arten sollten rechtzeitig eingekürzt werden. Nährstoffbeimischungen zum Bodengrund und regelmäßiger Wasserwechsel garantieren stetiges und üppiges Wachstum.

Riesen-Sumpffreund *Limnophila aquatica* ist als Überwasserform nicht minder dekorativ mit auffallend schönen, wohlduftenden Blütenständen.

Blühender Überwassertrieb des Sumpffreundes *Limnophila sessiliflora*. Gegenüber den feingliedrigen Wasserblättern sind die Luftblätter stark zurückgebildet. Zur Ausbildung blühender Überwassertriebe kommt es in relativ flachem Wasser bei starker Beleuchtung.

Riesen-Sumpffreund
Limnophila aquatica

Sumpffreund
Limnophila sessiliflora (siehe auch S. 8)

Optimal ist weiches, leicht saures (pH 6,8) Wasser und CO_2-Düngung, doch auch mittelhartes Wasser wird toleriert, sofern man CO_2 zuführt. Das gilt insbesondere für *Limnophila sessiliflora*. Eisenbetonte Wasserdüngung in häufigen, jedoch minimalen Gaben führt zu besonders üppigem Wachstum.

Kultiviert werden außerdem *Limnophila indica* und *Limnophila heterophylla*, beide sind submers *Limnophila sessiliflora* sehr ähnlich.

Kardinalslobelie

Lobelia cardinalis
Nordamerika

Auf den ersten Blick erinnert diese Aquarienpflanze etwas an den Riesenwasserfreund. Sie hat jedoch wechselständige, mehr oder minder länglich-elliptische bis eiförmige, etwas steife Blätter. Auffällig ist der helle Mittelnerv. Trotz ihrer nordamerikanischen Herkunft, wo sie als Sumpfpflanze auf nassen Wiesen wächst, ist sie im Tropenaquarium durchaus haltbar. Da sie im allgemeinen kleiner bleibt, kann sie auch im mittelgroßen Aquarium schöne, leuchtendgrüne Vordergrund-Gruppppenbepflanzungen abgeben. Bezüglich der Wasserwärme ist *Lobelia cardinalis* anspruchslos. Eine weniger angenehme Eigenschaft, besonders in flachen Aquarien, ist die, daß sie gern über den Wasserspiegel hinauswächst. Man muß also rechtzeitig aufpassen, entweder die Spitzentriebe kappen, was zu verstärkter Verzweigung führt, oder bei unten kahl gewordenen Stengeln neue Triebstecklinge machen. Einmal etabliert, ist *Lobelia cardinalis* eine dekorative und im Aquarium gut ausdauernde, mäßig schnell wachsende empfehlenswerte Pflanze. Lichtbedarf hoch, Wasserwerte nicht kritisch, jedoch CO_2-Düngung vorteilhaft. Nicht zu warm halten (bis 24° C), wichtig ist ein nährstoffzugereicherter Bodengrund (z. B. Tetra Initial D).

Unter zusagenden Bedingungen wächst die Kardinalslobelie *Lobelia cardinalis* sehr kräftig. Infolge des langsameren Wuchses ist eine Verjüngung seltener notwendig. Prächtige rote Blüten sind indes nur bei einer Überwasserkultur zu erlangen.

Ludwigia

Ludwigia-Arten
Gemäßigte und warme Zonen der Erde

Unter dem Handelsnamen „Ludwigia" kommen mehrere Arten in den Handel. Meist handelt es sich um *Ludwigia repens*. Sie kommt in Mittelamerika bis in den Süden der USA und auf den Karibischen Inseln vor. Diese Art ist außerordentlich variabel. Neben dem „Standardtyp" mit nahezu elliptischen Blättern, gibt es schmalblättrige Wuchstypen mit breit-lanzettlichen bis schmal-elliptischen Blättern. Auch die Färbung variiert von rein grünen bis zu rötlichen Formen. Vegetativ kaum zu unterscheiden ist hiervon auch die sog. Bastardludwigie, eine Kreuzung zwischen *Ludwigia palustris* und *L. repens*. Sie ist auch unter dem Namen *Ludwigia mulertii* bekannt und gleichfalls häufig im Handel anzutreffen. Sowohl *L. repens* wie die Bastardludwigie sind bewährte und ausdauernde Aquarienpflanzen. Will man schöne, kompakte Pflanzengruppen erreichen, sollte die Beleuchtung möglichst intensiv sein, wobei Temperaturen über 24° C nach Möglichkeit nicht überschritten werden dürfen. Leider verschwinden die rötlichen Blattfärbungen bei normaler Aquarienbeleuchtung mehr oder minder. Optimalen Wuchs erreicht man in verhältnismäßig weichem Wasser bei leicht saurem pH-Wert, doch sind Ludwigien auch an härteres Wasser anzupassen (CO_2-Düngung ratsam). Man pflanzt in Gruppen je nach Aquariengröße, Wuchs nur mäßig schnell, Einkürzen führt zur Verzweigung, neues Stecken seltener erforderlich, Boden Grobkies evtl. nährstoffangereichert. Die im Wuchs sehr ähnliche Sumpfludwigie, auch Sumpfheusenkraut genannt, *Ludwigia palustris*, gedeiht allgemein besser im Kaltwasserbecken. Gleiche Wachstumsbedingungen benötigt auch die Schmalblättrige Ludwigie *Ludwigia arcuata*, eine besonders zierliche Art, Blätter schmal-lanzettlich, bis 20 mm lang, selten breiter als 3 mm.

Eine Ludwigie vom schmalblättrigen Wuchstyp zum Formenkreis von *Ludwigia repens* bzw. deren Bastard zählend. Sie wirkt besonders dekorativ als Vorder- oder Mittelgrundpflanzung

***Ludwigia-Arten* wachsen unter guten Lichtverhältnissen und bei nicht zu hoher Temperatur besonders schön und kompakt. Hier abgebildet: *Ludwigia repens* und im Kreisausschnitt Blüte von *Ludwigia brevipes*.**

Zwergkleefarn

Marsilea crenata
Philippinen, Indonesien, Nordaustralien, Neuguinea

Eine amphibische Pflanze mit niederliegendem, kriechend wachsendem Stengel, die im Aquarium mit der Zeit dicht rasenartig wächst. Leider verlieren die Pflanzen bei der submersen Aquarienkultur ihre typischen „Kleeblätter", d. h., sie bilden kleine, mehr oder minder verkehrt-eiförmige, derbe gestielte Blättchen an den horizontal wachsenden Sproßachsen. Handelspflanzen benötigen oft längere Zeit zur Eingewöhnung. Allmählich bilden sie dann einen dichten, kaum 2 cm hohen Vordergrundrasen, sofern sie genügend Licht erhalten, d. h. keine Abschattung durch andere Pflanzen und kein zu großer Lampenabstand, also kein zu hoher Wasserstand (bis 40 cm). Anzuraten ist ferner weiches Wasser mit CO_2-Düngung. Temperatur 22–26° C. Das Handelssortiment des Zwergkleefarns ist nicht immer einheitlich und die Identität der Pflanzen nicht hinreichend sicher.

Der Zwergkleefarn *Marsilea crenata* bildet mit der Zeit einen dichten Bodenrasen

Flutendes Mooskraut

Mayaca fluviatilis
Südliche USA, tropisches Amerika

Die außerordentlich zartwüchsigen Pflanzen werden hin und wieder vom Handel angeboten. Blätter sehr fein, kaum 1 mm breit und bis 15 mm lang, dicht wechselständig stehend. Das Mooskraut benötigt Zeit zur Eingewöhnung und läßt sich als kleiner Bestand im Vordergrund des Aquariums ansiedeln. Eine relativ anspruchsvolle Stengelpflanze, benötigt weiches, leicht saures, CO_2-reiches Wasser, sehr lichtbedürftig, Temperatur etwa 22–26° C.

Flutendes Mooskraut *Mayaca fluviatilis*, eine zierliche Vordergrundpflanze

Tausendblattarten

Myriophyllum-Arten
Weltweit verbreitet

Tausendblätter sind unverwechselbare, schöne Aquarienpflanzen. Mit ihren feingliedrigen, in zahlreiche Segmente geteilten Blättern sind sie von einer ganz beson-

Matogrosso-Tausendblatt
Myriophyllum mattogrossense

ders charakteristischen Gestalt. Ihre besten Aquarieneigenschaften, ihre volle Schönheit und Ausdauer zeigen die meisten Arten allerdings meist nur im Kaltwasseraquarium bei hoher Lichtintensität und Temperaturen nicht über 20° C. Hier halten sich natürlich am besten Arten aus gemäßigten Klimazonen, vor allem nordamerikanische Tausendblätter wie *Myriophyllum hippuroides*, das ganz prächtige Bestände bildet und auch bei Temperaturen bis zu 24° C noch gedeiht. Unsere einheimischen Arten sind dagegen weniger gut als Aquarienpflanzen geeignet und ausschließlich im Kaltwasserbecken haltbar. Als tropisches Tausendblatt kommt vor allem das Brasilianische Tausendblatt *Myriophyllum aquaticum* aus dem tropischen Amerika – wegen der emersen Blätter auch Papageienfeder genannt – in Frage. Bei guter Beleuchtung wächst es entsprechend seiner tropischen Herkunft im geheizten Aquarium recht gut, erreicht aber leider kaum die Üppigkeit und Schönheit der

Brasilianisches Tausendblatt *Myriophyllum aquaticum*

„Kaltwasser-Tausendblätter". Zeitweilig sind auch noch andere tropische Tausendblattarten im Handel, so *„M. mattogrossense"* (Identität nicht gesichert), das sich im Tropenaquarium als beständig erwiesen hat und unter intensiver Beleuchtung eine rötlich-bräunliche Färbung annimmt. Selbstverständlich kann man auch Tausendblätter der gemäßigten Zonen für einige Zeit im Tropenaquarium pflegen. Ihr Schmuckwert ist kaum zu übertreffen, doch sind sie wegen mangelnder Anpassung meist nur „Gäste" des Warmwasseraquariums.

Wichtig ist bei allen Tausendblattarten, daß im Wasser keine Schmutzteilchen aufgewirbelt werden, z. B. durch Durchlüftung oder gründelnde Fische. Solche Teile setzen sich in den feinen Blattsegmenten fest, was nicht nur unschön aussieht, sondern sich auch wachstumshemmend auswirkt und leicht zur Veralgung führen kann. An den Bodengrund und das Wasser stellen Tausendblattarten keine besonderen Ansprüche.

Brasilianisches Tausendblatt *Myriophyllum aquaticum* bildet bei intensiver Beleuchtung leicht Überwassertriebe, die ihre feinfiedrige Struktur beibehalten. Die Pflanze ist während des Sommers auch sehr gut im Freilandaquarium haltbar.

Feinzähniges Nixkraut

Najas guadalupensis
Tropisches Amerika

Es ist meist schwer zu entscheiden, ob man wirklich eine echte *Najas guadalupensis* vor sich hat, da viele tropische Nixkräuter einander außerordentlich ähneln. Mit ihren feinen, linealischen, etwa 2 cm langen und nur 1 mm breiten, am Rand feingezähnten Blättern, die sehr dicht stehen, zählen sie wie Tausendblätter zu den feingliedrigsten Pflanzen in unseren Aquarien. Sie sind deshalb als Laichpflanzen, wie übrigens auch *Myriophyllum*, geeignet. Nixkräuter sind von einer geradezu erstaunlichen Wüchsigkeit, so daß man

Feinzähniges Nixkraut
Najas sp.

oft gezwungen ist, wöchentlich auszulichten. Viele Aquarienfreunde versuchen Nixkräuter zu pflanzen, d. h. in Gruppen zu setzen. Das hat seine Schwierigkeiten, da die Stengel oft ziemlich brüchig sind und leicht wieder auftreiben. Immerhin kann ein Nixkrautbusch, besonders auch in kleinen Behältern, eine dekorative Abwechselung zu anderen Pflanzengruppen bilden. Andere Aquarienfreunde gehen mit dem Nixkraut etwas „naturgemäßer" um, sie lassen es einfach als Büschel auf der Wasseroberfläche des Aquariums treiben. Das frische Grün bietet aus der „Unterwassersicht" gegen das helle Licht der Leuchtstofflampen recht eindrucksvolle Kontraste. Tatsächlich brauchen *Najas*-Arten nicht eingepflanzt zu werden, sie leben frei treibend und entnehmen ihre Nährstoffe voll dem Wasser, d. h. Wasserpflege ist hier besonders entscheidend für die Haltbarkeit der Pflanzen. Optimal ist weiches Wasser mit CO_2-Düngung, Temperatur 22–28° C.

Kammblatt, Wasserblatt

Proserpinaca pectinata
Nordamerika (östl. USA)

Eine zierliche Stengelpflanze mit wechselständigen, tief kammartig eingeschnittenen, hellgrünen Blättern oft auch als *„Hottonia inflata"* im Handel. Das Kammblatt wächst in der freien Natur amphibisch, mehr oder minder niederliegend, läßt sich aber auf untergetauchte Aquarienkultur umstellen, obschon die Pflanzen besonders bei hohen Temperaturen nicht immer ausdauernd sind. Die Pflanzen benötigen vor allem hohe Lichtintensität, wobei die Wasserwärme am günstigsten bei 16–22° C liegen sollte. *Proserpinaca pectinata* benötigt Zeit zur Etablierung, man pflanzt in kleinen Gruppen, z. B. im Vordergrund. Vermehrung durch Stecklinge. Mit Nährstoffen angereicherter Bodengrund wichtig.

Das Kammblatt *Proserpinaca pectinata*, eine zierliche Aquarienpflanze für den Vordergrund

Indischer Rotweiderich

Rotala macrandra
Indien

Diese *Rotala*-Art zählt zu den erfolgreichsten und beliebtesten Aquarienpflanzen. Betrachtet man unser Farbbild, so wird man bestätigen müssen, daß es sich hier um eine ausgesprochen schöne und vor allem farbenprächtige Aquarienpflanze handelt. Sie erinnert – im Vergleich zu *Rotala rotundifolia* – mehr an eine *Ludwigia*. Hinsichtlich ihrer Farbenpracht muß man jedoch die Einschränkung machen, daß die wunderschöne Rotfärbung, wie bei so vielen „roten" Aquarienpflanzen, unter den ungünstigen Lichtverhältnissen des Aquariums nach und nach verblaßt und einer rötlich-olivgrünen Färbung weicht. Am besten hält sich die Rotfärbung bei Leuchtstofflampen mit kurzwelligem Blauanteil kombiniert mit Warmtonlampen (kurzer Abstand). Noch besser pflanzt man eine Gruppe als Blickpunkt direkt in den Strahlenkegel einer Hochdrucklampe. Doch ungeachtet gewisser „Farbschmälerungen" ist *Rotala macrandra* eine wirkliche Bereicherung der Aquarienflora. Sie ist wüchsig und zeichnet sich vor allem dadurch aus, daß sie zahlreiche blattachselständige Seitensprosse bildet, so daß wenige Triebsteck-

Indischer Rotweiderich
Rotala macrandra

Rundblättrige Rotala
Rotala rotundifolia

linge mit der Zeit einen dichten, bis zu 40 cm hohen *Rotala*-busch bilden. Hier wirkt sich das Kappen der Triebe ausnahmslos einmal günstig aus. Es regt die Verzweigung deutlich an. Bei mir hielten sich die Pflanzen in karbonatarmen Wasser, das mit CO_2-Düngung auf pH 6,5 gehalten wurde, wöchentlichem Teilwasserwechsel und intensiver Beleuchtung mit Lumilux 41 und Philips 25 in bester Kondition. Wichtig sind ferner eisenbetonte Düngung und Temperaturen um 25° C.

Rundblättrige Rotala, *Rotala rotundifolia*, bildet als amphibische Pflanze in flachem Wasser bei intensiver Beleuchtung Überwasserformen mit endständigen Blütentrieben.

Rundblättrige Rotala

Rotala rotundifolia
Südostasien

Der deutsche Name bezieht sich auf die Überwasserform dieser amphibisch wachsenden Pflanze, die rundblättrig (rotundifolia) ist. Speziell für den Liebhaber, der nur über kleine Aquarien verfügt, ist diese zarte Stengelpflanze mit ihren länglich-elliptischen, kaum 1,5 cm langen, leuchtend grünen, zur Spitze hin leicht rötlichen Blättern eine ideale und dekorative Gruppenpflanze. *Rotala rotundifolia* ist aber auch sonst noch vielseitig verwendbar, etwa in großen Aquarien als ansehnlicher Bestand zur Belebung des Vordergrundes. Sie sollte dabei aber nicht durch andere Pflanzen beschattet werden. Hinsichtlich ihrer Pflege zählt sie zu den anspruchslosesten und „bequemsten“ Arten, da sie einerseits gut haltbar, andererseits aber auch nicht so raschwüchsig ist, daß man ständig auslichten und einkürzen muß. In der freien Natur ist sie eine Sumpfpflanze, die an Pfennigkraut erinnert, zeigt aber im Aquarium kaum die Neigung, über die Wasseroberfläche hinauszuwachsen.

Wallich's Rotala

Rotala wallichii
Südostasien

Eine nach dem Botaniker N. Wallich benannte Art, die völlig vom gewohnten *Rotala*-Typ abweicht. Die fast nadelförmigen, bis 20 mm langen Blätter stehen in dichten 9zähligen Quirlen. Die Pflanzen nehmen an den Triebspitzen oft eine rötliche Färbung an und sind als Gruppe im Aquarium außerordentlich schön. Leider zählt diese Art zu den heikelsten Stengelpflanzen. Sie verlangt hohe Lichtintensität (Hochdrucklampen) und sehr weiches Wasser (bis 4° dKH), einen pH-Wert um 6 und Temperaturen von ca. 25° C. Gut etablierte Pflanzen kann man durch Stecklinge vermehren. Eine Art für den erfahrenen Pflanzenpfleger.

***Rotala wallichii*, eine sehr dekorative, aber im Aquarium recht heikle Stengelpflanze**

Mexikanisches Eichenblatt

Shinnersia rivularis
Mexiko

Eine raschwüchsige Aquarienpflanze mit länglich-elliptischen, bis 25 mm langen, recht variablen Blättern, die entfernt an ein Eichenblatt erinnern. Das Mexikanische Eichenblatt ist eine anspruchslose, wüchsige Stengelpflanze, die jedoch im Aquarium einen freien, voll beleuchteten Standort verlangt, andernfalls wird sie leicht dünnstengelig und schmächtig. Stecklinge bewurzeln sich rasch und lassen sich zu ansehnlichen Pflanzengruppen vereinen. Wegen des raschen Wachstums ist häufiges Neupflanzen (Stecklinge) notwendig. Entwickelt im Aquarium auch flutende und emerse Formen. Nicht zu warm halten, d. h. etwa 20–24° C. Im Handel findet sich auch eine weiß-grüne Kulturform.

Das Mexikanische Eichenblatt, *Shinnersia rivularis*, schnellwüchsig und anspruchslos, verlangt jedoch für kompakten Wuchs hohe Lichtenergie

Cryptocorynen – schöne Aquarienpflanzen

Es gibt wohl keine andere Aquarienpflanzengattung, bei der zwei so gute Eigenschaften miteinander verbunden sind, nämlich außerordentliche Schönheit und dazu eine hervorragende Anpassungsfähigkeit an die Lebensbedingungen im Aquarium. So betrachtet sind viele Cryptocorynen geradezu wie geschafffen für das Aquarium. Das wird auch nicht zuletzt durch ihre große Verbreitung und Beliebtheit bewiesen. In dieser Hinsicht werden sie von keiner anderen Pflanzengattung übertroffen. Als „Charakterpflanzen“ südostasiatischer Gewässer sollten sie in keinem „Südostasien-Aquarium“ fehlen, z. B. in einem Barbenbecken.

Dennoch gibt es Aquarianer, die mit diesen schönen Aquarienpflanzen einfach kein Glück haben oder bei denen gar die gefürchtete sog. Cryptocorynenkrankheit (siehe Seiten 60, 166 und 170) einen dekorativen Bestand innerhalb kürzester Zeit buchstäblich auflöst.

Die Ursachen solcher Kümmernisse können ganz verschiedener Art sein, doch kann man sie vielleicht auf eine gemeinsame einfache Formel bringen: Alle Cryptocorynen sollten in einem ausgeglichenen Wassermilieu, frei von einseitig belastenden Stoffen (u. a. zu hohe Nitrat- und Schwermetallwerte), gepflegt werden. Auch müssen alle plötzlichen Veränderungen vermieden werden. In der Praxis bedeutet das: Stetigkeit aller Pflegemaßnahmen, u. a. regelmäßige Zufuhr aufbereiteten Frischwassers (= Abbau einseitig belastender Stoffe usw.). Vorsicht bei Veränderungen der Lichtintensität. Schon ein Austausch von Leuchtstofflampen des gleichen Typs kann, durch nur gering gesteigerte Intensität, eine Stoffwechselstörung und damit Blattfäulnis bei bestimmten Arten, wie *Cryptocoryne affinis*, auslösen. Daß Cryptocorynen, wie übrigens alle Wasserpflanzen, ein häufiges Umpflanzen sehr übelnehmen, scheint sich bei Aquarienfreunden herumgesprochen zu haben. Ein ausgeglichenes Kulturmilieu und vor allem keine „Störungen“ bieten Gewähr dafür, daß Cryptocorynen gedeihen, zum Teil auch in härterem Wasser (artabhängig). Gegebenenfalls ist eine Aufbereitung des Wassers notwendig (Zugabe von vollentsalztem bzw. entkarbonisiertem Wasser oder z. B. Tetra Aqua-Top). Aber auch hier Schockwirkungen vermeiden. Frischwasserzugaben beim Teilwasserwechsel „aquarienfreundlich“ machen (z. B. Tetra AquaSafe). Den CO_2-Gehalt und pH-Wert sollten wir besonders bei Cryptocorynen regelmäßig kontrollieren und durch entsprechende Maßnahmen weitgehend konstant halten. pH-Wert allgemein leicht sauer bis neutral (artabhängig). – Moderne Aquarientechnik bietet hier eine wertvolle Hilfe (z. B. automatische CO_2-Versorgung über ein pH-gesteuertes System).

Die Artenzahl der heute in Aquarien kultivierten Cryptocorynen ist beachtlich, in Gestalt und Wuchsform zeigen sich beträchtliche Unterschiede. Das Standardsortiment unserer Zoofachhändler bietet Cryptocorynen für jeden Bepflanzungszweck an, kleine Vordergrundpflanzen wie *C. xwillisii*, größer werdende Arten für Mittel- und Hintergrund bis zu schon fast riesenwüchsigen Arten wie *Cryptocoryne aponogetifolia* und *Cryptocoryne ciliata*. Obschon alle Cryptocorynen in ihren Kulturansprüchen gewisse Übereinstimmungen zeigen, gibt es unter ihnen Arten, die sich durch Raschwüchsigkeit und Ausläuferbildung auszeichnen, z. B. viele Sri-Lanka-Cryptocorynen, während Borneo-Cryptocorynen sich als heikle, anspruchsvolle Pfleglinge erweisen können. Die nachfolgend beschriebenen Arten sind durchweg sehr wüchsig und anpassungsfähig, einfach in der Kultur und für die verschiedensten Pflanzungszwecke und Gestaltungsmöglichkeiten geeignet. Bei der Bepflanzung sollten wir darauf achten, den Wurzelstock nicht zu tief zu setzen (höchstens mit 1 cm Sand bedecken oder eben noch sichtbar). Cryptocorynen vermehren sich durch Ausläufer, Bodenwärme und Temperaturkonstanz (um 25° C) sind wichtig. Eine Nährstoffanreicherung des Bodengrundes (z. B. Tetra Initial D) führt zu kräftigem Wachstum.

Cryptocorynen können (mit wenigen Ausnahmen) als lichtbescheidene Aquarienpflanzen gelten.

Noch eines ist zu beachten: Cryptocorynen benötigen Zeit, um sich zu etablieren, d. h. sie reagieren nicht sonderlich rasch auf positive Pflegemaßnahmen. Wie bei keiner anderen Aquarienpflanzengattung ist hier Geduld erforderlich!

Härtel's Wasserkelch

Cryptocoryne affinis
Malaiische Halbinsel

Eine Cryptocorynen-Art, die sich schon seit Jahrzehnten größter Beliebtheit erfreut. Mit ihren oberseits dunkelgrünbläulichen, etwas glänzend wirkenden, von unten meist rötlich-hellgrünen, lanzettförmigen, zur Basis etwas breiteren Blättern wirkt sie durch die Blattfärbung besonders schön. Sie ist eine mittelgroße Cryptocoryne, deren Blätter zwar bis zu 15 cm lang werden können, doch in der Regel kleiner bleiben. Wuchsgestalt und Färbung werden weitgehend von äußeren Bedingungen bestimmt, insbesondere von den Lichtverhältnissen. *Cryptocoryne affinis* ist eine ausgesprochen lichtbescheidene Art. Sie bevorzugt gedämpftes Licht und erreicht erst dann ihren schönsten Wuchs. Das sollte man bei ihrer Pflege und vor allem bei der Standortwahl im Aquarium von vornherein bedenken.

Gerade diese Art ist auch gegen eine plötzliche Steigerung der Lichtintensität zuweilen außerordentlich empfindlich und kann mit einem völligen Zerfall der Blätter reagieren. (Seite 166ff) Sonst aber ist *Cryptocoryne affinis* eine der wuchsfreudigsten Arten. Sie bildet reichlich Ausläufer. Mit wenigen „Ausgangspflanzen“ kann man innerhalb kurzer Zeit einen prächtigen Bestand heranziehen. Gerade diese Art gewöhnt sich schnell ein, gedeiht auch in härterem Wasser (pH bis 7,2). Sie ist als Mittel- oder Hintergrundpflanze verwendbar.

Besonders schön kommt ihre dunkle Blattfärbung zum Ausdruck, wenn man ihr als „Kontrastpflanzung“ eine Gruppe von *Hygrophila* oder anderen hellgrünblättrigen Pflanzen gegenüberstellt.

Härtels Wasserkelch *Cryptocoryne affinis*

Hammerschlag Wasserkelch

Cryptocoryne aponogetifolia
Philippinen

Wie *Cryptocoryne ciliata* gehört auch diese Art zu den außergewöhnlichen, nicht alltäglichen Cryptocorynen. Sie ist meiner Meinung nach eine der schönsten Aquarienpflanzen überhaupt. Nicht allein ihre imposante Größe (bis zu 80 cm hoch), sondern vor allem die phantastisch schöne, „gehämmerte" (bullöse), aponogetonähnliche, leuchtend hellgrüne Blattstruktur macht diese Pflanze zu einem unvergleichlichen Schmuckstück für jedes große Aquarium. Dementsprechend sollte man ihr auch einen bevorzugten Platz als Solitärpflanze einräumen und beachten, daß sie nur in entsprechend hohen Aquarien voll zur Geltung kommt. Dabei ist dann auch gewährleistet, daß sie eine ausreichend hohe Lichtmenge erhält, um sich in kräftigem, üppigem Wuchs entfalten zu können. Hinsichtlich der Wasserverhältnisse tolerant.

Cryptocoryne usteriana bleibt im Wuchs kleiner und hat eine weniger ausgeprägte Blattstruktur.

Hammerschlag Wasserkelch
Cryptocoryne aponogetifolia

Gewimperter Wasserkelch

Cryptocoryne ciliata
Sehr weit verbreitet in Südostasien (Indien bis Neuguinea)

Eine Cryptocorynen-Art, die nicht nur in bezug auf ihr großes Verbreitungsgebiet eine Sonderstellung einnimmt. So benannt nach den gewimperten Rändern der Spathaspreite (siehe Bild). Ihre hellgrünen, länglich-lanzettförmigen Blätter können bis 50 cm lang werden, im Aquarium bleiben sie bei untergetauchter Kultur allerdings meist kleiner, wobei noch hinzukommt, daß vielfach auch kleinere, schmalblättrige Pflanzen (*var. ciliata*), im Handel sind. Diese prächtige Cryptocoryne ist ein Schmuckstück für jedes Aquarium, das ihren Größenverhältnissen gerecht wird. Ob als Gruppe im Mittelgrund oder als Hintergrundpflanze – immer sind es die leuchtend hellgrünen, kräftigen Blätter, welche die Aufmerksamkeit des Betrachters auf sich ziehen. Selbstverständlich müssen wir einer so starkwüchsigen Pflanze unbedingt eine Nährstoffbeimischung zum Bodengrund geben. Anders als wir es von den meisten Cryptocorynen gewohnt sind, verlangt diese Cryp-

Gewimperter Wasserkelch
Cryptocoryne ciliata

Normalerweise erfolgt die Bestäubung der Cryptocorynen durch winzige Insekten. Da diese bei uns fehlen, unterbleibt die Ausbildung von Früchten. Gelegentlich kommt es aber zur Selbstbestäubung wie hier bei *Cryptocoryne ciliata*: geöffnete Frucht mit sichtbarem Samen. Diese Art blüht bei leicht abgesenktem Wasserspiegel regelmäßig. Blütenspreitenrand gewimpert, ein unverkennbares Artmerkmal (siehe Kreisausschnitt).

tocoryne volles Licht, eine Abschattung durch andere Pflanzen kommt ohnedies wegen ihres hohen Wuchses kaum in Frage, zudem sollte man an Beleuchtung nicht sparen, wenn man *Cryptocoryne ciliata* zu voller Schönheit kultivieren will. Die Art gedeiht auch in härterem Wasser. In flachen Aquarien wächst diese Cryptocoryne schnell über den Wasserspiegel hinaus. Man kann sie deshalb auch sehr gut in Aqua-Terrarien ziehen. Die Art zählt zu den blühwilligsten Cryptocorynen. Außer durch Ausläufer vermehrt sich *C. ciliata* auch durch Sproßpflanzen in den Blattachseln.

▶

Bei dieser Cryptocoryne entwickeln sich die Samen schon weitgehend in der Frucht. Nach dem Zerfall der häutigen Hülle, wird ein entwickelter Keimling mit sog. Primärblättern sichtbar (links).

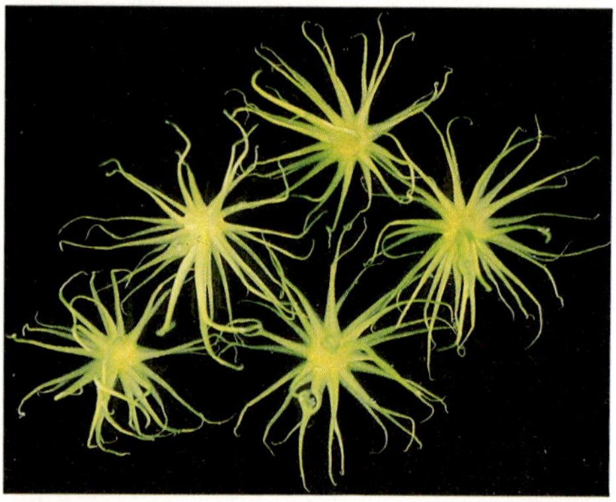

Sofern man die Fruchtbildung im Aquarium nicht bemerkt hat, wird man spätestens durch die merkwürdig gestalteten, kurze Zeit an der Wasseroberfläche treibenden Keimlingspflanzen auf diesen Vorgang aufmerksam.

Die Aufzucht solcher Sämlinge ist zwar etwas langwierig, bereitet aber bei flachem Wasserstand keine besonderen Schwierigkeiten. Keimpflanze mit erstem Laubblatt.

Genopptblättriger Wasserkelch

Cryptocoryne crispatula
Cryptocoryne balansae
Indien bis Vietnam und Südchina

Mit ihren sehr schmalen, bis 30 cm langen und zuweilen noch länger werdenden, meist gewellten und gebuckelten Blättern stellt diese Cryptocoryne eine Art dar, die nicht so ganz zum Standardtyp einer Cryptocoryne paßt. In der Tat haben die meisten Cryptocorynen des Aquariums mehr oder weniger lanzettliche bis herzeiförmige Blätter, deshalb ist es auch oft schwer, sie aufgrund dieser ähnlichen und veränderlichen Blatt- und Wuchsformen zu unterscheiden. Der *Cryptocoryne crispatula*-Komplex ist in der Blattstruktur

Genopptblättriger Wasserkelch
***Cryptocoryne crispatula* (*C. balansae*)**

sehr variabel, wobei der stark gebuckelte Wuchstyp auch als eigene Art Cryptocoryne balansae betrachtet wird, Wuchshöhe bis 50 cm. Sie gibt dem Aquarium besonders in Gruppenpflanzung mit ihrer eigenartigen Blattstruktur einen ganz besonders dekorativen Akzent. Hinsichtlich der Pflege ist *C. crispatula* ziemlich anspruchslos. Sie ist relativ lichtbedürftig, gedeiht aufgrund ihres Herkunftsgebiets auch in härterem Wasser, pH bis 7,2. Nährstoff-Beimischung zum Boden und regelmäßige Frischwasserzufuhr sind jedoch auch bei dieser weniger anspruchsvollen Art unumgänglich.

Blass' Wasserkelch

Cryptocoryne cordata („*blassii*-Typ")
Malaiische Halbinsel, Süd-Thailand

Diese Cryptocoryne zeichnet sich dadurch aus, daß ihre ei- bis herzförmigen Blätter etwas derb sind. Was sie bei den Aquarienfreunden innerhalb weniger Jahre wohl so beliebt gemacht hat, ist ihre Wüchsigkeit und Farbenpracht. Das betrifft nicht nur die purpur- bis weinrot gefärbten Blattunterseiten. Oberseits sind die in der Größe recht variablen Blätter (5–10 cm und mehr) dunkel- bis olivgrün oder rötlich getönt. Der „*blassii*-Typ" von *C. cordata* ist eine ausgesprochene Schattenpflanze. Ein mit Nährstoffen zugereicherter Boden und bei zu hellem Licht einige schwimmende Wasserhornfarne (*Ceratopteris*) sichern, nach einer Eingewöhnungszeit, kräftigen Wuchs. Eine Cryptocoryne, die vielseitig im Aquarium verwendbar ist. Empfindlich reagiert sie nur auf Schockeinflüsse.

Eine ähnliche Cryptocoryne – die gleichfalls als Rasse von *Cryptocoryne cordata* aufgefaßt wird – ist als *Cryptocoryne*

1

Wasserkelche aus dem Komplex *Cryptocoryne cordata* sind bei Aquarianern vor allem wegen ihrer besonders schönen Blattfärbungen beliebt. Die Färbungen der Blattoberseiten können von olivgrün (1) (= „siamensis"-Wuchstyp) bis zu rötlich-bronzeartig überlaufenden Farbtönungen (2) (= „blassii"-Wuchstyp) variieren. Sie gehören zu den dekorativsten und wüchsigsten Cryptocorynen.

2

siamensis im Handel. Sie bleibt etwas kleiner, mit schmal eiförmigen, mehr von der Spreitenmitte zugespitzten Blättern und stammt aus den gleichen Herkunftsländern.

Eine systematische Differenzierung beider Pflanzen erweist sich als unmöglich, da es fließende Übergänge zur sog. Nominatform von *Cryptocoryne cordata* gibt, so daß eine eindeutige Abgrenzung gegenüber der letzteren nicht vorgenommen werden kann (N. JACOBSEN). Man kann deshalb lediglich von einem *C. blassii*- und *C. siamensis*-Typ (Rassen) sprechen. Auch eine als „rosaenervis“ bezeichnete Form mit hellgestreiften Blättern gehört hierher.

Die Aquarienwuchsformen fallen demnach in die große Variationsbreite von *Cryptocoryne cordata*. Allerdings gibt es hier unterschiedliche Auffassungen, wobei am bisherigen Artstatus von *C. blassii* u. *C. siamensis* festgehalten wird (de Wit).

In der Tat sind diese Cryptocorynen zum Beispiel hinsichtlich der Blattfärbung geradezu ein Paradebeispiel dafür, wie diese Merkmale durch Kulturbedingungen geprägt werden. So kann *Cryptocoryne „blassii“* alle Farbabstufungen von tiefgrün bis zu rötlich-bronzeartig überlaufenden Blattoberseiten zeigen. In gleicher Weise tendiert aber auch *Cryptocoryne siamensis* zu solcher Variabilität. Solche Erscheinungen werden offensichtlich in erster Linie durch die Beleuchtung bewirkt. Auch Blattgröße und Blattform zeigen bemerkenswerte, milieubedingte Abweichungen, wobei wohl nicht jede schmalblättrige Wuchsvariante *Cryptocoryne „siamensis“* zuzurechnen ist. Die „echte“ *Cryptocoryne cordata* (d. h. die Nominatform) zeigt sich in der Aquarienkultur als relativ heikle Pflanze, d. h. Weichwasserbedingungen sind obligatorisch. *„Blassii-“* und *„Siamensis“*-Wuchstypen verhalten sich dagegen weniger kritisch und wachsen auch noch in mittelhartem Wasser bei CO_2-Düngung. pH-Wert leicht sauer bis neutral.

***Cryptocoryne pontederiifolia*, eine wüchsige dekorative empfehlenswerte Cryptocoryne**

Pontederiablättriger Wasserkelch

Cryptocoryne pontederiifolia

Sumatra

Eine verhältmismäßig neue Cryptocorynen-Art, die sich wegen ihrer guten Aquarieneigenschaften und ihres schönen Wuchses schnell viele Freunde erworben hat. Eine mittelgroße Art (etwa 20 cm Wuchshöhe) mit meist leuchtend grünen, mehr oder minder länglich eiförmigen, zugespitzen, am Grunde in der Regel schwach herzförmigen Blättern (bis 12 cm lang, meist kleiner). Blattstiele kräftig, relativ kurz, Basis scheidig, zuweilen mit Niederblättern. Blattflächen nicht selten etwas bullös. – Eine recht anpassungsfähige Cryptocoryne, die nach Eingewöhnungszeit reges Wachstum und reichliche Ausläuferbildung entfaltet. Dazu sollte der Bodengrund mit Nährstoffen angereichert werden (z. B. Tetra Initial D). Hinsichtlich der Wasserverhältnisse ist *C. pontederiifolia* recht tolerant und gedeiht auch in mittelhartem Wasser gut (CO_2-Düngung ratsam). Obschon diese Cryptocoryne volles Licht liebt, wächst sie auch noch bei leicht gedämpfter Beleuchtung gut. Regelmäßiger Teilwasserwechesel mit eisenbetonter, sparsamer Aufdüngung wie bei allen Cryptocorynen wichtig. Eine dekorative, gut wüchsige Art die vorzugsweise für Gruppenpflanzung im Mittel- oder Hintergrund in Betracht kommt. – Gleichfalls aus Sumatra stammt *Cryptocoryne moehlmannii*, die vegetativ im wesentlichen *C. pontederiifolia* gleicht und sicher nur nach der Blütenscheide zu unterscheiden ist.

Purpurroter Wasserkelch

Cryptocoryne purpurea

Malaiische Halbinsel

Was im Handel oft unter dem Sammelbegriff *„Cryptocoryne griffithii“* angeboten

Purpurroter Wasserkelch *Cryptocoryne purpurea*

wird, ist selten die „echte“ Art, sondern man bezeichnet meist alle Cryptocorynen mit mehr oder weniger herzförmigen, dunkelgrünen, gezeichneten Blättern so. Fraglos ist für den Aquarianer die Unsicherheit in der tatsächlichen Artzugehörigkeit und Benennung dieser Cryptocorynen kaum zu lösen. Die am häufigsten angebotene Cryptocoryne aus dieser Gruppe ist *Cryptocoryne purpurea*, eine seit langem bewährte Art. Allerdings kann lediglich ein (im Aquarium höchst seltener) Blütenstand ein verläßliches Unterscheidungsmerkmal liefern. Es handelt sich hier um mittelgroße bis größere Cryptocorynen mit eirunden, am Grunde meist herzförmig eingeschnittenen Blättern. Die Blätter sind etwa 5–8 cm lang, aber meist sehr lang gestielt. In der Kultur unterscheiden sich diese Cryptocorynen nicht vom allgemeinen Typ, sie brauchen schattiertes Licht, Zusätze zum Bodengrund, z. B. Tetra Initial D, und regelmäßige „Wasserpflege“. Nicht zu hartes Wasser (bis 10° dKH, pH leicht sauer und CO_2-Düngung verwenden.

Wendt's Wasserkelch

Cryptocoryne wendtii
Sri Lanka

Diese von dem bekannten niederländischen Cryptocoryne-Experten Prof. DE WIT zu Ehren des Altmeisters der deutschen Aquarienbotanik, A. WENDT, benannte Cryptocoryne zählt zu den am häufigsten kultivierten Arten. Sie ist etwa mittelgroß, die Blätter sind mehr oder minder länglich oval bis lanzettlich, an der Basis breit, oft leicht herzförmig, etwa 8–12 cm lang. Die Färbung ist oberseits dunkelolivgrün, unterseits blaßgrün bis leicht rötlich. Hier muß aber vermerkt werden, daß gerade diese Cryptocoryne ungemein variabel ist und daß es viele „Formen“ (Lokalrassen) von ihr gibt, und zwar hinsichtlich der Größe, Blattgestalt und Färbung. Ein sicheres Bestimmungsmerkmal ist nur der Blütenstand. Der Handel unterscheidet mehrere Wuchstypen (Sorten). Es gibt wohl innerhalb des ganzen Cryptocorynensortiments kaum eine Art, die wüchsiger als diese Art ist oder sie an Anpassungsfähigkeit und die Einfachheit ihrer Kultur übertrifft. Das gilt sowohl für die Wachstumsgeschwindigkeit wie für die Ausläuferbildung. Hier ist *C. wendtii* ungemein produktiv, so daß gerade diese Art neben *C. affinis* und *C. x willisii* dem Anfänger zu empfehlen ist. Eine überdies lichtbescheidende Art, die auch hinsichtlich der Wasserhärte nicht sehr wählerisch ist, pH 6,5–7,2. Auch eine Reihe anderer Sri-Lanka-Cryptocorynen zeichnet sich durch besonders gute Aquarieneignung aus. Dies gilt u. a. für *Cryptocoryne beckettii*, die im Wuchstyp *C. wendtii* ähnelt, *Cryptocoryne undulata* mit mehr oder minder lineal-lanzettlichen, rötlichbraunen, zum Rand gewellten Blattspreiten (bis 8 cm lang) und deutlichen Strichzeichnung, während *Cryptocoryne walkeri* im Aquarium etwas langsamer wächst.

Wendt's Wasserkelch
Cryptocoryne wendtii

◀ Wie keine andere Art ist *Cryptocoryne wendtii* eine besonders „pflegeleichte“ Cryptocoryne. Durch reichliche Ausläuferbildung bildet sie schon nach relativ kurzer Zeit dichte Bestände. Ein Wuchstyp mit bullöser Blattstruktur der recht variablen Art.

▲ Restlose Sicherheit über die Artzugehörigkeit gibt oft nur der Blütenstand, die sog. Spatha oder Blütenscheide der Cryptocorynen, hier *Cryptocoryne wendtii*. Hierzu ist es notwendig, die Cryptocorynen in sehr flachem Wasser bzw. halbmers zu kultivieren.

Willis' Wasserkelch

Cryptocoryne × willisii
Sri Lanka

Die frühere „*Nevillii*", jetzt *Cryptocoryne x willisii*, ist eine kleine, hellgrüne dankbare Vordergrundcryptocoryne. Die recht variable Art (eine Hybridenkombination) besitzt hellgrüne, mehr oder minder schmallanzettliche, ca. 5–7 cm lange, etwas feste Blätter. *Cryptocoryne x willisii* treibt schon nach kurzer Eingewöhnung kräftige Ausläuferbildung, so daß man – sagen ihr die Verhältnisse zu – innerhalb kürzerer Zeit einen schönen „Cryptocorynenrasen" besitzt. Sie zählt zu den anspruchslosesten und wüchsigsten Arten und wächst auch in härterem Wasser (CO_2-Düngung). Wenn die Meinung vieler Aquarianer, daß hellgrüne Cryptocorynen viel Licht brauchen, auch nicht immer stimmt, hier ist sie zutreffend. Diese kleine Cryptocoryne benötigt viel Licht. Man muß also bei dieser Bodenpflanze darauf achten, daß sie nicht durch überragende Blätter größerer Hintergrundpflanzen beschattet wird. Im übrigen ist diese Art aber außerordentlich anpassungsfähig und so leicht nicht „umzubringen". Die Pflanze ist ein sog. natürlicher Hybridkomplex, dessen einer „Elternteil" die ähnliche, jedoch kleinere *Cryptocoryne parva* ist, während zum anderen *Cryptocoryne beckettii* und *C. walkeri (lutea)* an diesem Komplex beteiligt sind. Die bisher als *Cryptocoryne lucens* geführte Art dürfte gleichfalls hierher gehören. Die bislang als *C. willisii* bekannte Art trägt jetzt den Namen *Cryptocoryne undulata*. Dagegen ist die echte *Cryptocoryne nevillii* in der Aquarienkultur bisher kaum bekannt und in der Pflege offenbar auch schwierig.

Willis' Wasserkelch, *Cryptocoryne x willisii*, eine variable natürlich entstandene Hybridenkombination, zählt zu den haltbarsten und wüchsigsten Cryptocorynen

„Amazonas“- und andere Schwertpflanzen

Geht man von einem geographisch „richtigen“ Biotop-Aquarium aus, so sind *Echinodorus*-Arten für südamerikanische Salmler etwa das, was Cryptocorynen für ostasiatische Barben sind. Selbstverständlich sind derartige „Landschaftsaquarien“ ziemlich „phantasiebeladenen“, doch immerhin läßt die Vielfalt an *Echinodorus*-Arten, die uns heute zur Verfügung steht, die Realisierung einer solchen „Unterwasserlandschaft“ durchaus zu.

Verglichen mit Cryptocorynen sind *Echinodorus*-Arten, auch meist kurz „Schwertpflanzen“ genannt, ein ganz anderer Pflanzentyp. Die bekannteste Art ist zweifellos die „Amazonas“, doch steht dem Aquarianer neben diesem Standardtyp von dem kleinen, grasartigen *Echinodorus tenellus* bis zu Riesenarten, wie die „Großblättrige Amazonas“, eine breite Auswahl zur Verfügung. Sie alle sind sehr brauchbare und dekorative Aquarienpflanzen, so z. B. die Rotblättrige Schwertpflanze *Echinodorus osiris*. Großwüchsige Arten, wie *Echinodorus bleheri*, finden vorzugsweise als Solitärpflanzen Verwendung, während sich andere Arten, mit weniger kraftvollem Wuchs, mehr als Gruppenpflanzung eignen. Natürlich wird das weitgehend auch von der Größe des Aquariums bestimmt.

Vermehrung durch Ausläuferbildung kommt nur bei wenigen Arten vor, u. a. bei *Echinodorus tenellus* oder der „Zwergamazonas“ *Echinodorus quadricostatus var xinguensis*. Die großen, stattlichen Arten bilden nach Eingewöhnung unter günstigen Wuchsbedingungen (wobei offenbar auch die tägliche Beleuchtungsdauer eine Rolle spielt) einen „Blütenzweig“, der im Aquarium nur noch einzelne, verkümmerte Blüten entwickelt. Sie erinnern an die unseres heimischen Froschlöffels. Die Gattung *Echinodorus* zählt zu den Froschlöffelgewächsen (*Alismataceae*). Aus den Blütenansätzen entwickeln sich im Aquarium jedoch winzige Jungpflanzen, sogenannte Adventivpflanzen, die nach und nach erstarken. Man kann den Blütenstiel durch Beschwerung über den Boden biegen, so daß die Jungpflanzen schneller Wurzeln bilden und nach Erstarkung von der Mutterpflanze getrennt werden können. Man muß solche einzelnen „Adventivpflanzen“ an einen möglichst hellen Platz des Aquariums pflanzen, also nicht in den Schatten der „Großen“. Einige *Echinodorus*-Arten können innerhalb angemessener Zeit zu „Riesenexemplaren“ heranwachsen. Es dauert oft ein bis zwei Jahre und länger, bis sie sich zu einer üppigen Solitärpflanze entfaltet haben. Die „verkümmerte“ Blütenbildung der *Echinodorus*-Arten deutet schon darauf hin, daß die meisten von ihnen im Aquarium ökologisch falsch kultiviert werden. Sie sind an ihren natürlichen Standorten durchweg Sumpfpflanzen, bzw. sie wachsen halbuntergetaucht, zum Teil auch als echte Sumpfpflanzen an feuchten Plätzen (siehe Seite 23). Wir haben es im Aquarium mit einer Anpassung zu tun, die auch dadurch deutlich wird, daß viele *Echinodorus*-Arten in flachen Aquarien dazu neigen, Schwimm- und Luftblätter zu bilden. Doch noch etwas können wir aus ihren natürlichen Standorten folgern; als Sumpfpflanzen sind sie von Natur aus auf „echte" Wurzelnahrung angewiesen. Das bedeutet, daß der Bodengrund für starkwüchsige Schwertpflanzen genügend Nährstoffreserven in Form von eisenoxidhaltigem Bodenzusatz mit organischen Substanzen haben sollte, z. B. Tetra Initial D. Für „Nachschub" sorgt man bei diesen besonders nahrungsbedürftigen Pflanzen durch Teilwasserwechsel mit entsprechender Aufdüngung.

Mehrere Beobachtungen weisen darauf hin, daß bei *Echinodorus* offenbar ein erhöhtes Kaliumbedürfnis vorliegt. An die Wasserbeschaffenheit stellen *Echinodorus*-Arten keine besonderen Anforderungen. Obschon viele in Weichwassergebieten angetroffen werden, hat es sich herausgestellt, daß auch mittelhartes Wasser bei CO_2-Zufuhr geeignet ist, pH-Werte allgemein 6,8–7. Wichtig ist auch hier, daß der Wasserpflege die nötige Aufmerksamkeit geschenkt wird. Wasserwärme allgemein 22–26° C.

Die Lichtansprüche der meisten *Echinodorus*-Arten sind als relativ hoch anzusprechen, d. h. zur Entwicklung üppigen Wachstums bedarf es hoher Lichtintensität. In den nachfolgenden Beschreibungen konnten nur die wichtigsten Arten Berücksichtigung finden. Hinsichtlich der Benennung der *Echinodorus*-Arten bestehen weiterhin noch manche Unklarheiten.

Die Mehrzahl der im Aquarium kultivierten Arten ähnelt mehr oder minder dem „Schwertpflanzentyp", sie sind also recht typische Vertreter ihrer Gattung mit etwa gleichen Lebensansprüchen. Auf einen Fehler, den viele Anfänger oft machen, sei hier noch hingewiesen: die meisten „großen" *Echinodorus* werden auch wirklich sehr groß, kauft man also ein kleines Exemplar als Jungpflanze, so muß man von vornherein den Platzbedarf einkalkulieren, um später nicht unliebsames Größenwachstum zu erleben, das dann so gar nicht in die vorgeplante Aquarienlandschaft paßt.

Schmalblättrige Amazonas-Schwertpflanze

Echinodorus amazonicus
Trop. Südamerika

Eine seit vielen Jahren bewährte Aquarienpflanze, die unter verschiedenen wissenschaftlichen Namen bekannt war, doch von Aquarienfreunden meist als „Schmalblättrige Amazonas" bezeichnet wird, kurz die klassische Schwertpflanze. Ihre lanzettlichen, hellgrünen Blätter erreichen einschließlich Blattstiel eine Länge von gut 30 cm, sie bleibt damit deutlich hinter der sehr ähnlichen „Großen Amazonas" *Echinodorus bleheri* zurück. Die Verwendung von *Echinodorus amazonicus* im Aquarium ist außerordentlich vielfältig. In einem 200-Liter-Becken ist eine gedrängt gepflanzte Gruppe sehr wirkungsvoll, besonders im Mittelgrund, aber auch als Abschlußpflanzung an der Beckenrückwand. In kleineren Aquarien pflanzt man sie gern einzeln, freistehend. Ein möglichst freier Stand ist hier auch schon von der Beleuchtung her wünschenswert. Denn nur bei

Schmalblättrige Amazonas-Schwertpflanze *Echinodorus amazonicus*

genügender Lichtstärke entwickelt sich ein Einzelexemplar zu jener Üppigkeit, die wir uns von einer Solitärpflanze erhoffen.

Die Pflanzen benötigen einen nährstoffreichen Bodengrund und regelmäßigen Teilwasserwechsel mit Aufdüngung.

Zellophanpflanze

Echinodorus berteroi
Südliche USA und Mittelamerika

Ein nicht alltäglicher *Echinodorus*-Typ. Der deutsche Name dieser Art bezieht sich auf die dünnhäutigen Blätter von *Echinodorus berteroi*. Auffallend ist hier vor allem die Wandelbarkeit der Pflanze. Wir unterscheiden dabei eine Jugendform mit mehr oder minder linear-lanzettförmigen, gut 20 cm langen Blättern, worauf die Folgeblätter der „erwachsenen Form" sich allmählich verbreitern und eine leichte Wellung erkennen lassen, bis sich schließlich eine Blattform einstellt, die an den Herzblättrigen Wasserwegerich *Echinodorus cordifolius* erinnert, sich aber von diesem durch die schöne dünnhäutige Struktur der olivgrünen Blätter unterscheidet. *Echinodorus berteroi* darf nicht in zu kleinen Aquarien gehalten werden (Höhe 50 cm), neigt aber mit der Zeit immer mehr dazu, aus dem Aquarium herauszuwachsen und Luftblätter zu bilden oder sogar, wenn die Lebensumstände (Beleuchtung) zu ungünstig sind, ganz einzugehen. Offenbar kann man aber durch Verkürzung der täglichen Beleuchtungsdauer (12 Stunden) eine Verlängerung der Vegetationsperiode und damit der Lebensdauer der Pflanze im Aquarium erreichen. Zuweilen sieht man an sehr kräftigen Pflanzen an der Basis kleine Seitenpflänzchen austreiben. Sonst ist es um die Vermehrung von *Echinodorus berteroi* im Aquarium recht schlecht bestellt. Eine Blüte und keimfähigen Samenansatz bekommt man im Aquarium nur bei sehr guten Lichtbedingungen (Tageslicht). Die Aussaat ist dann nicht schwierig (s. Literatur). Im allgemeinen ist der Liebhaber aber auf Neukauf von Jungpflanzen angewiesen. Trotz dieses kleinen Nachteils zählt die Zellophanpflanze zu den dekorativsten und wegen der „Durchsichtigkeit" zu den eigentümlichsten Arten der Gattung *Echinodorus*.

Zellophanpflanze *Echinodorus berteroi*

Große Amazonas-Schwertpflanze

Echinodorus bleheri
Trop. Südamerika

Neben der „Schmalblättrigen Amazonas" ist dieser *Echinodorus* wohl mit die am häufigsten kultivierte Art der Gattung. Im ganzen gleicht sie *Echinodorus amazonicus*, wird aber größer, d. h. ihre Blätter

Große „Amazonas“ *Echinodorus bleheri*

können 50 cm bei einer Breite von 8 cm messen; einschließlich des bis zu 20 cm langen Blattstieles erreichen sie also unter Umständen fast 70 cm Länge. Dabei kann eine Pflanze eine enorme Fülle von Blättern entwickeln. Deshalb sollte man diese Art erst für Aquarien ab 100 Liter Wasservolumen verwenden, denn nur in großen Behältern kommt sie so recht zur Geltung. Findet diese Amazonas die richtigen Lebensbedingungen, so kann sie zu einem beherrschenden Element des Aquariums werden und allen anderen Pflanzen im Aquarium die Lebensbedingungen schmälern. Bei der Wahl des Standortes muß man bei *E. bleheri* also ganz besonders die spätere Größe in Betracht ziehen, denn schon ihr Schatten läßt kaum noch anderen Pflanzenwuchs zu. Selbst lichtbescheidene Pflanzen versagen hier oft. Wie die meisten Arten ihrer Gattung benötigt die Große Amazonas volles Licht. Die oft beobachteten variablen Blattformen bei einzelnen Exemplaren („Varietäten“) sind nach neueren Untersuchungen offenbar durch die Beleuchtungsdauer geprägt, wie bei einigen anderen *Echinodorus*-Arten auch. Es handelt sich also nicht um verschiedene Formen. Verglichen mit der kleineren „schmalblättrigen Amazonas“ kommt es bei der „Großen“ nicht so häufig zur Ausbildung von Blütenstielen, so daß die Vermehrung nicht ganz so produktiv ist. Einer so starkwüchsigen Pflanze sollte man natürlich auch einen nährstoffreichen und entsprechend hohen Bodengrund (8–10 cm) geben.

Herzblättriger Wasserwegerich *Echinodorus cordifolius*

***Echinodorus*-Arten entwickeln im Aquarium meist verkümmerte Blütenstände. Dabei kommt es jedoch allgemein zur Ausbildung sogenannter Adventivpflanzen. Sobald diese – wie hier beim Herzblättrigen Wasserwegerich *Echinodorus cordifolius* – Ansätze von Wurzeln zeigen, können sie abgeschnitten und gepflanzt werden.**

Herzblättriger Wasserwegerich

Echinodorus cordifolius (= E. radicans)
Südöstliches Nordamerika bis Mexiko

Mit den echten „Großen Schwertpflanzen“ hat diese Art nur die kräftige Wuchsweise gemeinsam, hinsichtlich der Blattform weicht sie wesentlich von diesen ab. Die an der Basis herzförmigen, zur Spitze etwas abgestumpften Blätter können unter günstigen Bedingungen gut 20 cm lang und bis 10 cm breit werden. Mit ihrem hellen, leuchtenden Grün und ihren auffälligen und kräftigen Blattstielen ist diese Art ebenso wie die vorige besonders als Solitärpflanze für große Becken geeignet. Gruppenpflanzung ist wenig wirkungsvoll und auch schon wegen der Größe der Art kaum durchführbar. Wichtig ist, daß die Pflanze in einem Aquarium mit möglichst hohem Wasserspiegel gepflegt wird (etwa 50 cm), doch benötigt sie andererseits gerade als Jungpflanze kräftige Beleuchtung, um sich zu einer stattlichen Pflanze zu entwickeln. In kleinen Behältern wächst die Herzblättrige Amazonaspflanze sehr schnell über den Wasserspiegel hinaus, eine Neigung, die sie auch in großen Behältern nicht ganz verliert, die man aber evtl. durch eine verkürzte Beleuchtungs-

Herzblättriger Wasserwegerich *Echinodorus cordifolius*

dauer (10 Stunden täglich) weitgehend verhindern kann. Allerdings bedingt eine solche Kurztagsbeleuchtung auch einen Verlust an Wachstumsleistung anderer Pflanzen! Will man Jungpflanzen, die sich an verkümmerten Blütenstielen von *Echinodorus cordifolius* bilden, zu kräftigem Wuchs heranziehen, so muß man auf alle Fälle länger beleuchten (bis zu 16 Stunden).

Auch wenn man die Herzblättrige Amazonaspflanze zur Blütenbildung (Adventivpflanzen) anregen will, sollte man so verfahren und am besten den Wasserspiegel etwas senken. Blütenbildung gelingt am sichersten bei möglichst optimaler Beleuchtung der Pflanze.

Alles in allem, ein *Echinodorus*, der sich als Mittelpunktpflanze sehr dekorativ macht.

Von ähnlichem Wuchstyp jedoch größer werdend sind *Echinodorus macrophyllus* die Riesenblättrige Amazonaspflanze (Blattspreiten bis 35 cm lang) und *Echinodorus scaber*, die Rauhe Amazonaspflanze (Blattspreiten bis 25 cm). Länglich herzförmige aber kleinere Blätter (bis 15 cm) besitzt auch die Horizontale Amazonaspflanze *Echinodorus horizontalis*. Charakteristisch für diese Art ist die mehr oder minder horizontale Stellung der Blätter.

Horeman's Schwertpflanze

Echinodorus horemanii
Brasilien (Paraná)

Eine mittelgroße Schwertpflanze, die sich bei Aquarienfreunden zunehmender Beliebtheit erfreut. Die lanzettlich bis länglich-ovalen Blätter sind verhältnismäßig lang gestielt (bis 15 cm). Die Blattspreite zeigt meist eine dunkelgrüne Färbung bei etwas durchscheinender Struktur. Auffallend schön kommt die Randwellung des Blattes zum Ausdruck. Verlangt – wie alle Schwertpflanzen – gute Beleuchtung. In größeren Aquarien wirken kleinere Gruppen von *Echinodorus horemanii* besonders attraktiv als Mittel- oder Hintergrundpflanzung.

Horeman's Schwertpflanze
Echinodorus horemanii

Mittlere Amazonaspflanze
Echinodorus latifolius
Mittelamerika, nördliches Südamerika

Zwergamazonaspflanze
Echinodorus quadricostatus var.xinguensis
Brasilien

Bolivianische Zwergamazonaspflanze
Echindorus bolivianus
Südliches Brasilien bis Nordargentinien

Echinodorus latifolius ist eine Amazonas-Schwertpflanze im „Mittelformat", die noch dazu reichlich Ausläufer treibt und bei zusagenden Bedingungen bald dichte Bestände bildet. Ideal für Mittelgrundbepflanzungen, doch auch als Vordergrundpflanzung in größeren Aquarien. Als Einzelpflanze ist die Art kaum von Wert. Je größer und dichter die leuchtend hellgrünen Bestände sind, desto schöner wirken sie. In der Blattform ist die Art variabel. Beleuchtungsintensität, tägliche Beleuchtungsdauer und die Temperatur spielen dabei eine Rolle. Die Blätter erreichen maximal eine Länge von 15–20 cm, bleiben teilweise aber auch kleiner. Sie sind ungestielt und schmallanzettlich, dabei hellgrün mit einem deutlichen Mittelnerv. *Echinodorus latifolius* hat sich als eine der anspruchslosesten und anpassungsfähigsten *Echinodorus*-Arten erwiesen. Im Handel wird die Art sehr oft als „*Echino-*

Mittlere Amazonas-Schwertpflanze *Echinodorus latifolius*, im Vordergrund: Zwergamazonas *Echinodorus quadricostatus var. xinguensis.*

dorus intermedius*" angeboten, eine Bezeichnung, die gleichzeitig aber auch noch auf die Art *Echinodorus quadricostatus*, die sog. „Zwergamazonas", Anwendung findet. Beide Arten ähneln sich, allerdings bleibt die „Zwergamazonas", *Echinodorus quadricostatus var. xinguensis*, kleiner und hat mehr oder minder deutlich gestielte Blätter. Doch können die Wuchsformen bei den verschiedenen Licht- und Standortbedingungen eines Aquariums recht variabel sein. Verwechslungen sind daher häufig. Das gilt auch für die Bolivianische Zwergamazonaspflanze *Echinodorus bolivianus*, die submers kaum von der Zwergamazonas zu unterscheiden ist. Alle sind prächtige, „rasenbildende" Vordergrundpflanzen, d. h. sie bilden mit kriechend wachsenden Ausläufern schnell dichte Bestände. Wichtig ist jedoch, daß man auf ungehinderten Lichteinfall achtet. Bei Abschattung bilden sich nur schmächtige, sehr schmalblättrige Formen.

Riesen-Amazonaspflanze

Echinodorus maior
Brasilien

Bei der „Riesen-Amazonaspflanze" handelt es sich um eine ausgesprochene Solitarpflanze. Ihre zunächst veränderlichen, dann breit-lanzettförmigen, am Rande oft stark gewellten Blätter können bis zu 50 cm lang werden. Meist bleibt die Pflanze jedoch etwas kleiner. Dennoch, eine vollentwickelte Pflanze macht mit ihren zahlreichen hellgrünen Blättern einen phantastischen Eindruck, besonders wenn man sie zwischen Moorkienholz und dunklem Gestein als Schwerpunkt der Bepflanzung setzt. Selbstverständlich darf ein Aquarium für *E. maior* nicht zu klein sein, vor allem sollte die Pflanze, wie alle starkwüchsigen Exemplare von *Echinodorus*, einen hohen (8–10 cm) und nährstoffreichen Boden haben, bzw. im Kulturgefäß gepflanzt werden. Auch sollte man bei etwa 45 cm Beckenbreite und 50 cm Wassertiefe vier Leuchtstofflampen in voller Beckenlänge installieren, denn volle Beleuchtung ist nun einmal zu kräftigem Wuchs nötig. Die Vermehrung erfogt bei gut eingewöhnten Pflanzen durch „Blütenstände" mit Adventivpflanzen (unter Wasser drücken, weil dann die Jungpflanzen schneller heranwachsen). Gut etablierte Pflanzen bilden an der Basis auch Tochterpflanzen.

Eine insbesondere für größere Aquarien (ab 150 Liter) empfehlenswerte Art, die kaum zur Bildung von Überwasserblättern neigt.

Riesen-Amazonaspflanze
Echinodorus maior

Rotblättrige Amazonaspflanze ▶
Echinodorus osiris (E. „rubra")

Rotblättrige Amazonaspflanze

Echinodorus osiris
Brasilien (Paraná)

Mit Blättern bis zu 50 cm Länge zählt diese Art zu den großwüchsigen Schwertpflanzen, denen genügend Raum im Aquarium zur Verfügung stehen muß. *Echinodorus osiris* kommt deshalb auch vorzugsweise als Solitärpflanze in Frage. Auffallend und besonders dekorativ ist bei dieser Art die intensiv rötlich-bräunliche Färbung der jungen Blätter. Im Wuchstyp ähnelt diese Art anderen großblättrigen Arten, wie *Echinodorus maior*, Blattbasis kurz verschmälert, auch die Blattspitzen sind relativ kurz zugespitzt. Der Blattrand ist weitläufig gewellt. Ältere Exemplare bilden submers verhältnismäßig selten Blütenstände, die im Aquarium zahlreiche Advetivpflanzen mit kleinen elliptisch-lanzettlichen Blättern entwickeln. Die Aufzucht solcher Pflanzen gelingt unter guter Beleuchtung ohne große Mühe. Eine Blickpunktpflanze von besonderer Schönheit.

Echinodorus osiris nahestehend ist auch die im Wuchs kleiner bleibende sog. „Doppelrote Schwertpflanze" als *Echinodorus barthii* beschrieben, mit besonders dekorativ rötlich gefärbten Blättern. Wahrscheinlich handelt es sich hier, wie wohl auch bei *Echinodorus osiris*, um Bastardierungen. Das gilt auch für eine als *Echinodorus „rosé"* bezeichnete Sorte.

„Schwarze Amazonas"

Echindorus parviflorus
Peru, Bolivien

Eine mittelgroße Art, die wegen ihres „Formats" und schönen Wuchses sehr beliebt ist. Zuweilen noch unter ihrem Handelsnamen *Echinodorus peruensis* bekannt. Die variablen, lanzettförmigen, im

Schwarze Amazonas *Echinodorus parviflorus*

Verlauf der Entwicklung meist dunkelgrün werdenen Blätter messen mit Stiel etwa 20–25 cm, sie sind mitunter an der Basis leicht verbreitert. Die Art hat einen breiten Temperaturspielraum und zeigt sich auch hinsichtlich des Lichtbedarfs als anpassungsfähig. Schöne Gruppenpflanze, deren Größenwuchs sich in Grenzen hält. Bildet relativ leicht Adventivpflanzen an Blütenstielen.

Grasartige Amazonas

Echinodorus tenellus

Tropisches Amerika bis nach Nordamerika

Mit einer „Amazonas" hat diese zwergwüchsige Pflanze eigentlich nur noch den Gattungsnamen gemeinsam, sonst erinnert sie fast mehr an *Sagittaria*. Die Art ist in Amerika weit verbreitet. In Aquarien wird die tropische Varietät kultiviert. Sie ist eine der ausdauerndsten Aquarienpflanzen. Mit ihren außerordentlich zierlichen, langgestreckten, grasartigen und nur bis zu 5 cm lang werdenden Blättern bildet sie durch ungemein starke Ausläuferbildung innerhalb kurzer Zeit dichte, hellgrüne „Rasen". So ist sie eine der geschätztesten Aquarienpflanzen, die sich vorzüglich zur Vordergrundbepflanzung eignet. Doch darf man bei der Grasartigen Amazonas eines nicht außer acht lassen, will man wirklich gedrungene, dichtwüchsige und gesunde „Rasen" erzielen: die Art ist recht lichtbedürftig. Der Lichtabfall bis zum Bodengrund ist, zumal in hohen Aquarien, beträchtlich! Übrigens sollten wir das bei allen Bodenpflanzen bedenken und bei der Beleuchtung berücksichtigen.

Grasartige Amazonas *Echinodorus tenellus*

Wasserähren – Aquarienpflanzen mit besonderen Eigenarten und Ansprüchen

Wüchsen alle Aquarienpflanzen unter genau den gleichen Kulturbedingungen optimal, hätte der Aquarienfreund kaum Mühe mit der Bepflanzung und ständig prächtigsten Pflanzenwuchs. Doch im Grunde genommen hat jede Aquarienpflanzenart recht spezifische Ansprüche an Licht, Wasser und Boden. Trotzdem gibt es so etwas wie ein „Standardmilieu", an das sich eine Großzahl von Aquarienpflanzen ständig anzupassen vermag. Ja, die Anpassung ist oft so erstaunlich ausgeprägt, daß sich völlig „unnatürliche" Vergesellschaftungen auf engstem Raum im Aquarium vertragen und noch dazu gutes Wachstum zeigen, beherzigt man nur einige wichtige Pflegebedürfnisse.

Doch gibt es „Außenseiter" unter den Aquarienpflanzen, die sich aufgrund ihrer ökologischen Prägung der stetigen Gleichförmigkeit der Aquarienbedingungen weniger gut anpassen können. Typische Vertreter solcher Pflanzen sind die *Aponogeton*-Arten, einzigartig schöne Aquarienpflanzen mit dekorativen Blättern und meist rhizomähnlicher, runder Knolle. Ihr deutscher Name – Wasserähren – bezieht sich auf die ährenförmigen Blütenstände. Meist stammen diese Arten aus Gebieten, deren Klimaablauf jahreszeitlichen Schwankungen unterworfen ist (u. a. Trocken- u. Regenzeit), an die sich die Pflanzen im Verlauf ihrer Evolution angepaßt haben. Diese Anpassung ist ihnen gewissermaßen „angeboren", d. h. sie folgen diesem Vegetationszyklus auch dann, wenn die äußeren Bedingungen – wie im Aquarium – sie gar nicht dazu zwingen. So tritt auch im Aquarium meist regelmäßig eine Ruheperiode ein, bei der die Pflanzen ihr Wachtsum einstellen und zurückgehen, ohne daß wir etwas daran ändern oder die Pflanzen umgewöhnen könnten.

Bekommen wir eine Knolle, die während der Ruhezeit importiert wurde, so können wir uns viele Monate an dem schnellen und prächtigen Wuchs der Pflanze erfreuen. Gerade *Aponogeton*-Arten besitzen eine bemerkenswerte Wuchsenergie. Blatt auf Blatt entwickelt sich und schließlich erscheinen die Blütenähren. Doch dann läßt das Wachstum nach, die Pflanze geht ihrer Ruhezeit entgegen. Will man länger Freude an diesen schönen Pflanzen haben, sollte man ihnen eine Vegetationsruhe gewähren, doch über das „wie" bestehen nach wie vor beträchtliche Unklarheiten. Offenbar ist nämlich der natürliche Vegetationszyklus kaum nachzuahmen bzw. auch unzureichend bekannt. Oft gehen Aquarienexemplare aber auch einfach schon geschwächt mit mangelnden Reserven in die Ruhezeit, d. h. ihnen steht für die nächste Vegetationsperiode ungenügende Energie zur Verfügung. Viele Aquarianer lassen die Knollen von vornherein in einem Kulturgefäß wurzeln, das während der Ruhezeit aus dem Aquarium genommen und für 2–4 Monate kühler bei 12–15° C nur leicht feucht aufbewahrt wird, bzw. man nimmt die Knollen auf und verwahrt sie in feuchtem Sand. Nicht selten werden die Knollen auch im Aquarium belassen. Wenn man Glück hat, treiben sie wieder kräftig aus. – Dennoch ist nicht zu leugnen, daß die meisten Pflanzen im Verlauf ihrer Aquarienkultur mehr und mehr zurückgehen. Eine Tatsache, die zu denken gibt, werden doch bei ständiger Nachfrage immer noch große Mengen von Knollen den oft schon gefährdeten Wildbeständen entnommen. Deshalb sollten diese Pflanzen zumindest dem erfahreren Pfleger vorbehalten bleiben. Zudem wird der verantwortungsbewußte Aquarianer seinen Ehrgeiz daran setzen, die Pflanzen durch Samen zu vermehren. Zur Samengewinnung muß der Blütenstaub mit einem feinen Pinsel – wenn möglich von einer artgleichen Pflanze (kreuzweise) übertragen werden. Die Aufzucht der Sämlinge geschieht in flachem Wasser bei starker Belichtung. Sie ist langwierig und leider nicht immer erfolgreich.

Entscheidend für eine längerfristige, erfolgreiche *Aponogeton*-Kultur ist es, den Pflanzen während der Vegetationsperiode optimale Lebensbedingungen zu bieten. Dazu darf man nicht an Beleuchtung sparen, auch wenn die Pflanzen scheinbar mit geringeren Lichtintensitäten auskommen. Auch sollte der Bodengrund mit Nährstoffen angereichert sein, z. B. etwas Tonerdezusatz mit Tetra-Initial D. Die Wassertemperatur richtet sich nach dem Vegetationsrhythmus und sollte während der Wachstumsphase 22–25° C betragen. Die meisten *Aponogeton*-Arten entfalten in weichem, saurem Wasser (pH um 6,8) mit CO_2-Düngung das üppigste Wachstum, gedeihen z. T. aber auch in mittelhartem Wasser noch gut. Teilwasserwechsel mit Aufdüngung sowie CO_2-Zufuhr sind wichtig. Noch ein Hinweis: *Aponogeton*-Knollen nicht tief einpflanzen! Am besten Knolle etwas schräg in den Boden eindrücken und mit einem kleinen Stein fixieren. Angewurzelte Knollen nicht wieder umpflanzen! Zu bemerken ist ferner, daß es beträchtliche Unterschiede bei den einzelnen Arten gibt, von sehr problematischen bis zu relativ einfach zu kultivierenden Arten, darunter auch solche mit einer weniger ausgeprägten Ruhezeit.

Bucklige Wasserähre
Aponogeton boivinianus

Bucklige Wasserähre

Aponogeton boivinianus
Madagaskar

Diese, auch „Hammerschlag"-Wasserähre genannte, sehr dekorative *Aponogeton*-Art wird vom Handel hin und wieder angeboten, allerdings nicht immer unter dem richtigen Namen. Oft hat man aber einen Anhaltspunkt dafür, daß es sich um diese Art handelt, wenn die Knollen recht stark, bis 4 cm Durchmesser und dabei flach und gefurcht sind. Ist dagegen die Knolle schon etwas ausgetrieben und das typisch stark gekrauste Blatt sichtbar, das an *Cryptocoryne aponogetifolia* erinnert, so ist dies ein ziemlich unverkennbares Merkmal. Eines müssen wir bei dieser *Aponogeton*-Art von vornherein beachten: sie ist außerordentlich starkwüchsig, ihre gekrausten und genoppten Blätter werden über ½ Meter und länger. *Aponogeton boivinianus* ist also nur für große Aquarien geeignet, aber wohl eine der schönsten *Aponogeton*-Arten. Ihre übrigen Ansprüche: weiches bis mittelhartes Wasser, CO_2-Düngung, häufiger Teilwasserwechsel, Ruhezeit beachten.

◀ *Aponogeton*-Arten entwickeln ihre ährenförmigen Blütenstände auch unter Aquarienbedingungen. Die Blütenähren erscheinen an langen Stielen an der Wasseroberfläche und sind zunächst noch von einem Hüllblatt umgeben.

Krause Wasserähre
Aponogeton crispus

Krause Wasserähre

Aponogeton crispus
Sri Lanka, Indien

Eine recht variable Art, der nunmehr auch *Aponogeton echinatus* zugerechnet wird. Die Wurzelknolle ist gegenüber *A. boivinianus* mehr rundlich und kleiner. Die länglich-lanzettförmigen, etwa 30 cm langen Blätter besitzen eine typische Randwellung. Sie ist wohl die häufigste Wasserähre, die man im Aquarium antreffen kann.

Eine besonders empfehlenswerte Wasserähre, unproblematisch in der Kultur, oft mit weniger ausgeprägter Ruhezeit, hinsichtlich der Wasserhärte wenig kritisch, sie gedeiht auch in härterem Wasser (CO_2-Düngung). Vermehrung durch Sämlinge (die Art ist selbstfruchtbar) relativ einfach. Oft werden die Knollen bei zurückgehendem Wuchs auch im Aquarium belassen und treiben dann nach wenigen Wochen wieder aus, besser ist jedoch ein Aufnehmen der Knollen und zeitweilig kühlere nur feuchte Verwahrung.

Sofern *Aponogeton „crispus“*-Pflanzen nach kurzer Zeit Schwimmblätter entwickeln, dürfte es sich um *Aponogeton natans* handeln, eine Art, die im Aquarium kaum von Wert ist.

Gitterpflanze

Aponogeton madagascariensis
Madagaskar

Die Gitterpflanze ist wegen ihrer eigenartigen, einmaligen Blattstruktur die berühmteste und geschätzteste *Aponogeton*-Art, zugleich in der Kultur aber auch sehr problematisch. Es gibt von ihr verschiedene geographische Rassen, solche mit ziemlich breiten, stumpfen Blättern und andere, deren Blätter etwas schmaler sind und auch etwas spitzer auslaufen. Über den biologischen Sinn einer derartig eigentümlichen Blattbildung, bei der praktisch im Verlauf der Blattentwicklung nur die Nervenstruktur übrig bleibt, ist schon viel gerätselt worden. Vielfach wird angenommen, daß mit der durchlöcherten Blattfläche der Strömungswiderstand der Blätter herabgesetzt werden soll. Dieser Annahme steht allerdings entgegen, daß *Aponogeton madagascariensis* auch in stehenden Gewässern gefunden wird.

Bei mir hielten sich die Pflanzen des schmalblättrigen Typs stets am besten in flachen, leicht beschatteten Becken (Tageslicht), im Winter mit Zusatzbeleuchtung (Leuchtstofflampen). Aber noch wichtiger als die Beleuchtung ist regelmäßige Frischwasserzufuhr, CO_2-Düngung, Zugabe von Torfextrakten (z. B. Tetra ToruMin). Ohne reichliches Frischwasser geht es bei dieser Pflanze offenbar nicht (Totalwasserwechsel wöchentlich). Dabei sollte das Wasser weich, der pH-Wert um 6, sein. Wichtig ist eine effektive Wasserumwälzung. Die Wasserwärme halte ich bei 22° C. Sofern ein Wachstumsstillstand eintritt, erfolgt eine Senkung auf 18° C, nächtlich bis 15° C über eine Dauer von zwei Monaten, dann setzt wieder erneutes Wachstum ein. – Bodengrund: Grobkies mit ⅓ Tonerde. – So kann man die Pflanzen über lange Zeit gesund erhalten und auch regelmäßig zur Blüte bringen. Zweifellos sind das aber Bedingungen, die nicht für ein normales „Zimmeraquarium" einzuhalten sind, so daß diese Art wohl stets dem besonders interessierten Aquarienliebhaber vorbehalten bleiben wird, soll sie nicht nur ein kurzes Gastspiel im Tropenaquarium geben. Nochmals sei gesagt: Man sollte beim Kauf so heikler Arten Zurückhaltung üben, zumal durch Massenimporte die Wildbestände gefährdet sind.

Gitterpflanze, Blüte im Kreisausschnitt
Aponogeton madagascariensis

Leder-Wasserähre

Aponogeton rigidifolius
Sri Lanka

Diese Wasserähre zeichnet sich gegenüber anderen *Aponogeton*-Arten durch zwei bemerkenswerte Unterschiede aus. Berührt man die Blätter, so ist die steifblättrige *(= rigidifolius)* Struktur auffallend (sog. „Leder"-*Aponogeton*). Außerdem besitzt diese Art keine Knolle, sondern ein langgestrecktes Rhizom. Die meist schmal-lanzettlichen, olivgrünen bis bräunlichen Blätter können bis ein Meter lang werden, bleiben im Aquarium aber durch weg kleiner (bis 50 cm). Blattrand mehr oder minder weitläufig schwach bis stark gewellt. Bei Aquarienexemplaren sind zuweilen die Blätter stark umgebogen. Auffallend ist der helle breite Mittelnerv. – Eine in der Kultur nicht ganz einfache Art, die offensichtlich keine ausgeprägte Ruhezeit besitzt. Wichtig ist vor allem intensive Beleuchtung sowie möglichst weiches Wasser im Kohlendioxid-Gleichgewicht. Rhizom flach und waagerecht pflanzen. Boden: nährstoffangereicherter Tonerdezusatz. Die etwas zerbrechlichen Blätter vorsichtig behandeln.

Leder-Wasserähre *Aponogeton rigidifolius*

Ulvablättrige Wasserähre

Aponogeton ulvaceus
Madagaskar

Mit ihren weitläufig gewellten und sehr großen, bis 50 cm langen, breiten, hellgrünen Blättern ist diese *Aponogeton*-Art eine der schönsten Solitärpflanzen im Aquarium. Sie ist raschwüchsig, so daß man innerhalb weniger Monate aus einer kleinen Jungpflanze ein Riesenexemplar ziehen kann. Etwas gute „Bodennahrung" (Nährstoffbeimengung) und ungehinderten Lichteinfall benötigt diese Art fraglos, um sich zu einem Prachtexemplar zu entwickeln. Weiches Wasser mit CO_2-Düngung optimal, toleriert auch mittelhartes Wasser. Hohe Lichtintensität wichtig. Vor allem müssen wir ihr auch genügend Raum lassen, damit sie tatsächlich ihre volle Schönheit und Größe erreichen kann. Dann wird *Aponogeton ulvaceus* monatelang der schönste Blickpunkt des Aquariums sein, ihre zweiährigen Blütenstände entwickelt sie reichlich (eine erfolgreiche Bestäubung ist meist nur mit Blütenstaub einer anderen, zugleich blühenden Pflanze möglich). Das Eintreten der Ruhezeit kündigt sich dadurch an, daß der Wuchs schwach wird, die Blätter bleiben dann kleiner und sind schmaler. Nun ist es

Ulvablättrige Wasserähre *Aponogeton ulvaceus*

Zeit, die Pflanze aus dem Aquarium zu nehmen. Hat man sie in ein Kulturgefäß gepflanzt, so geht das ohne größere Störungen. Die Wurzelknolle wird kühl und leicht feucht verwahrt, d. h., es ist nicht nötig, die Knolle ständig in kühlerem Wasser aufzubewahren. Vor Beginn der neuen Wuchsperiode wird der Bodengrund erneuert. Und nochmals der Hinweis: Knolle nicht zu tief setzen. Sie muß nach der Pflanzung noch gut sichtbar bleiben und den Boden überragen.

Gewelltblättrige Wasserähre

Aponogeton undulatus
Indien bis Malaiische Halbinsel

Diese in der Blattform variable Wasserähre bleibt relativ klein, d. h. ihre gestielten und gewellten Blätter sind etwa 25 cm lang. Der rundliche Wurzelstock hat einen Durchmesser von 2 cm. Die hell- bis mittelgrünen Blätter besitzen eigentümliche, etwas durchscheinende Zonen, das ist ein typisches Artmerkmal, man kann daran diese Art leicht von anderen *Aponogeton*-Arten unterscheiden. *Aponogeton undulatus* ist recht vielseitig verwendbar, in kleinen Gruppen oder als Einzelpflanze, auch in Behältern mit geringeren Ausmaßen. Was diese Art besonders auszeichnet und den Aquarienfreund dem bei *Aponogeton* immer mühseligen Nachwuchsproblem enthebt, ist der Umstand, daß die Pflanze an vermeintlichen „Blütenstielen“ kleine, ferige Jungpflanzen mit Knollen ausbildet, also gewissermaßen „lebendgebärend“ (vivipar) ist. Solche Jungpflanzen kann man gleich wieder einpflanzen. – Eine Ruhezeit, um ein altes Rhizom wieder zu neuer Vitalität anzuregen, ist bei dieser Art weniger lohnend, da man ja stets genügend Jungpflanzen an Sprossen älterer Exemplare zur Verfügung hat, die schnell wieder heranwachsen. Eine problemlose und empfehlenswerte Wasserähren-Art, die auch hinsichtlicher der Wasserhärte nicht wählerisch ist. Über weitere Arten siehe Literatur.

Gewelltblättrige Wasserähre, *Aponogeton undulatus*, eine „lebendgebärende“ Art, Adventivpflanzen erscheinen an langen Stielen.

Von Anubias bis Vallisneria – Pflanzen mit grundständigen Blättern

Neben den Stengelpflanzen sind es Pflanzen mit grundständigen Blättern, die in keiner „Unterwasserlandschaft" fehlen dürfen. Da gibt es einmal die großen artenreichen und beliebten Gruppen der Cryptocorynen, Seite 97, und der Schwertpflanzen (*Echinodorus*), Seite 109, und der Wasserähren (*Aponogeton*), Seite 121. Neben diesen in unseren Aquarien weitverbreiteten Gattungen finden wir aber auch noch andere Arten von einem mehr „grasartigen" Typ, von denen die Sumpfschraube *Vallisneria spiralis* wohl seit Jahrzehnten zum „eisernen Bestand" des Aquarienfreundes gehört. Ebenso wie die gestaltlich sehr ähnlichen Sagittarien setzt man diese Pflanzen ausschließlich „bestandsbildend", d. h., sie kommen als Einzelpflanze kaum zur Wirkung. Nur die geschlossene Gruppe ergibt, je nach Größe und Art des Aquariums, ideale Hintergrund- und Seitenpflanzung. Dabei ist auch die Artenauswahl den Beckengrößen bestens angepaßt, von den Zwergsagittarien, die meist als „Vordergrundrasen" dienen, bis zur Riesenvallisneria, deren Ausmaße wohl schon die Möglichkeiten eines Liebhaberaquariums überschreiten. Auch die im Wuchstyp ähnlichen Hakenlilien (*Crinum*) sind zu einem festen Bestandteil unserer Aquarienflora geworden.

Hierher gehören aber auch noch andere prachtvolle und beliebte Aquarienpflanzen, wie *Barclaya*, Teich- und Seerosen (*Nuphar, Nymphaea*), Speerblätter (*Anubias*) oder die den Cryptocorynen nahestehenden *Lagenandra*-Arten.

Afrikanische Speerblatt-Arten

Anubias-Arten
Westafrika

Von dieser kleinen, westafrikanischen Pflanzengattung werden mehrere Arten kultiviert. Sie besitzen in der Regel kräftige, mehr oder minder lanzettlich geformte Blätter und einen starken, horizontal wachsenden Wurzelstock. Als Aronstabgewächse *(Araceae)* zeigen sie die typischen Blütenstände mit weißlich-grünlichem Hochblatt. Da sie amphibisch wachsen, vermögen sie sich unterschiedlichen Wasserständen anzupassen. Diese oekologische Prägung kommt uns bei der Aquarienkultur zugute. Zwar ist das Wachstum im Aquarium verhältnismäßig langsam, doch läßt sich *Anubias* meist gut an ständig submerse Kultur gewöhnen. Bei der Pflanzung muß darauf geachtet werden, daß das Rhizom noch deutlich sichtbar aus dem Boden ragt. Übrigens kann man *Anubias barteri var. nana* beispielsweise auch – wie *Bolbitis* – auf Steinen oder Wurzeln festbinden. Temperatur für alle Arten

22–28° C. Gute Beleuchtung und regelmäßige Wasserpflege sowie CO_2-Düngung sowie ein nährstoffangereicherter Boden sind wichtig. Als geeignete Arten werden angeboten: *Anubias barteri var. nana*; das Zwergspeerblatt das mit etwa 10 cm Wuchshöhe besonders für den Vordergrund empfehlenswert ist. Ähnlich, jedoch etwas größer im Wuchs ist *Anubias barteri var. glabra*. Dazu kommen noch *Anubias barteri var. barteri* und eine Reihe anderer Arten, die bis zu 50 cm hoch werden können, also nur für verhältnismäßig große Aquarien geeignet sind.

In kleinen flachen Aquarien neigen letztere Arten dazu – ähnlich wie *Lagenandra ovata* – über den Wasserspiegel hinaus zu wachsen. Dagegen sind sie in geräumigen, hohen Aquarien besonders schöne Solitärpflanzen. Als amphibisch wachsende Pflanzen sind alle *Anubias*-Arten für Aqua-Terrarien zur Bepflanzung flacher Uferteile hervorragend geeignet. Hier in

Niedrigwüchsige Speerblätter, wie u. a. *Anubias barteri var. glabra*, eignen sich auch für kleinere Aquarien bzw. für die Vordergrundbepflanzung

feuchtigkeitsgesättigter Warmluft und flachem Wasserstand sind sie eigentlich erst in ihrem wahren Element und bilden – das trifft übrigens auch für viele Cryptocorynen zu – verhältnismäßig leicht Blüten aus.

Gestaltlich ähnlich sind *Aglaonema*-Arten, die bisweilen vom Handel angeboten werden. Sie sind aber durchweg für die untergetauchte Kultur im Aquarium nicht geeignet. Eine Pflanze von ähnlichem Erscheinungstyp mit länglich-lanzettlichen Blättern, *Spathiphyllum wallisii*, wird zuweilen in Aquarien gepflegt. Die Erfahrungen der Aquarianer mit dieser Pflanze sind unterschiedlich, im ganzen gesehen jedoch überwiegend negativ, so daß man hier in jedem Fall den dekorativen Arten aus der Gattung *Anubias* den Vorzug geben sollte.

Afrikanisches Speerblatt *Anubias sp.*

Speerblatt
Anubias sp.

„Barclaya"

Barclaya longifolia
Burma, Thailand, Vietnam

Diese Wasserpflanze ist wohl eine der schönsten, die unsere Aquarienflora überhaupt anzubieten hat. Sie ist meist nicht ganz billig, wird aber heute regelmäßig im Handel angeboten.

Nach unseren Kenntnissen von den Fundorten dieser Pflanze lebt sie in beschatteten Urwaldbächen, also ähnlich manchen Cryptocoryne-Arten, nur daß sie wohl empfindlicher und anspruchsvoller als diese ist. *Barclaya* liebt hohe Wassertemperaturen (24 bis 28° C), der Boden sollte Nährstoffzusätze enthalten und vor allem die gleiche Temperatur wie das Wasser haben. Viele Mißerfolge mit *Barclaya* gehen auf zu kühle Bodentemperatur zurück. Eine Differenz von 2° C genügt schon, um Wachstumsstörungen auszulösen. Der Lichtbedarf ist bei Kunstlicht durchaus nicht so gering, wie man es von einer „Schattenpflanze" annehmen könnte. Sollen sich die länglich-schmalen, wunderschön rötlich-olivgrün getönten, gewellten Blätter zu voller Länge (bis zu 40 cm) entfalten, darf man mit Leuchtstofflampen nicht sparen. Dabei gibt es Formen, die besonders schön rötlich gefärbt sind, während andere mehr olivgrüne Blattfärbungen zeigen. Fühlt sich die Pflanze wohl, so überrascht sie den Aquarienfreund manchmal mit einer kleinen dekorativen Blüte. Ein Samenansatz wird regelmäßig beobachtet, selbst bei geschlossener Blüte (Kleistogamie). Doch läßt sich die Pflanze einfacher aus Rhizomsprossen vermehren. Solche Rhizom-Jungpflanzen sollen möglichst hell (aber keine Sonne!) bei 28° C in flacherem Wasser herangezogen werden. Wasser bis etwa 10° dGH ist geeignet, regelmäßiger Teilwasserwechsel nötig, CO_2-Düngung empfehlenswert. *Barclaya* ist eine einzigartige Solitärpflanze für mittelgroße Becken.

Barclaya longigolia unterliegt einer Ruhezeit, d. h., die Pflanzen gehen zeitweilig mehr oder minder zurück, um dann nach einiger Zeit wieder auszutreiben. Besondere Maßnahmen sind nicht erforderlich.

„Barclaya", Blüte im Kreisausschnitt
Barclaya longifolia

Fadenkraut ▶
Blyxa sp.

Fadenkraut-Arten

Blyxa Arten
Tropisches Asien, Australien

Als „Fadenkraut" kommen mehrere Arten dieser Gattung in den Handel, so u. a. *Blyxa aubertii var. echinosperma* und *Blyxa japonica*, eine stengelbildende, relativ haltbare Art. Es sind „echte" Wasserpflanzen. Sie sind in ihrer Gestalt recht typisch, kenntlich an ihren etwas durchscheinenden, hellgrünen bis bräunlich-bronzegrünen, grasartigen, oft etwas brüchigen Blättern. Als Pflanzentyp sind sie im Aquarium von hohem dekorativem Wert, besonders, wenn man sie beispielsweise als Mittelgrundpflanzung verwendet. Nach meinen Erfahrungen sind aber alle *Blyxa*-Arten außerordentlich lichtbedürftig, und zwar in einem solchen Maße, daß wir ihnen diese Bedingungen im Zimmeraquarium kaum auf die Dauer gewähren können. Das ist meines Erachtens auch der Grund, weshalb diese Arten, von einigen Ausnahmen abgesehen, in unseren Aquarien nicht so recht „heimisch" werden. Oft gehen sie nach kurzer Zeit zurück und werden unansehnlich. Die Wasserfrage ist insofern von großer Bedeutung, als sehr weiches Wasser mit leicht saurer Reaktion und CO_2-Düngung unumgänglich sind.

Hakenlilien

Crinum-Arten
U. a. Thailand, Westafrika

Von den zu den Narzissengewächsen *(Amaryllidaceae)* gehörenden Hakenlilien sind mehrere Arten als Aquarienpflanzen bekannt. Von ihnen wird vor allem *Crinum thaianum* regelmäßig im Handel angeboten. Gerade diese Art besitzt auch eine hervorragende Aquarieneignung, das heißt, sie ist im Aquarium völlig ausdauernd. Bei der Pflanzung der Zwiebel ist darauf zu achten, daß die Zwiebel keine Faulstellen aufweist und daß sie nicht zu tief in den Boden gesetzt werden darf. Der obere Teil der Zwiebel soll noch etwas aus dem Boden herausragen. Wichtig ist auch, daß die kräftigen Zwiebeln einen genügend tiefen Boden vorfinden (ca. 12 cm). In Anbetracht der Größe der Pflanzen – die bandförmigen Blätter können über 2 Meter Länge erreichen – sollte man *Crinum* nur in genügend großen und hohen Aquarien pflanzen. Auch müssen die Zwiebeln in entsprechenden Abständen gesetzt werden. *Crinum* benötigt also Raum und ausreichende Wassertiefe. Dennoch wird man es natürlich nicht vermeiden können, daß sich die Blätter an der Wasseroberfläche umlegen und andere Pflanzen beschatten. Auch dies muß man bei der Pflanzung berücksichtigen. Andererseits erhalten die flutenden Blätter volle Lichtenergie, ein wesentlicher Faktor für kräftigen Wuchs. Hinsichtlich der Wasserhärte erweist sich *Crinum thaianum* als recht tolerant. Die Hakenlilie benötigt längere Zeit, um sich im Aquarium einzugewöhnen. Sie bildet nach etwa einem Jahr Tochterzwiebeln, so daß sich ein Be-

Die Zwiebeln der Hakenlilien (hier *Crinum thaianum*) entwickeln ein sehr kräftiges Wurzelsystem. Für guten Wuchs ist deshalb ein tiefgründiger, möglichst grob strukturierter Boden erforderlich. ▶

stand entwickelt. Fraglos zählt *Crinum thaianum* in großen Aquarien zu den dekorativsten Pflanzen. Umpflanzen und Bodengrunderneuerung vertragen alle *Crinum*-Arten als Zwiebelgewächse nicht gut. Dies wird meist mit einem längeren Wachstumsstillstand beantwortet. Aus Westafrika wurde *Crinum natans* eingeführt. Sie besitzt derbe, am Rand gewellte, 2–3 cm breite, variable bandförmige Blätter bis zu etwa einem Meter Länge. Auch diese Art ist im Tropenaquarium gut haltbar. Sie kommt auch zur Blüte.

Von eigenartiger Gestalt ist die gleichfalls aus Westafrika (Kamerun) stammende *Crinum calamistratum* mit sehr schmalen, kaum 5 mm breiten, stark gekrausten Blättern. Kultur wie *Crinum thaianum*, jedoch sowohl für *C. natans* wie auch für *C. calamistratum* möglichst weiches Wasser erforderlich.

Thailand Hakenlilie
Crinum thaianum

Nadelsimse

Eleocharis acicularis
Nördl. gemäßigte Zonen, Südamerika, Australien

Eine seit langem geschätzte Aquarienpflanze mit nadeldünnen bis 0,5 mm dikken und bis zu 20 cm langen Halmen, die nach Eingewöhnung mit unterirdischen Ausläufern schöne dichte Bestände bildet. Ideal für den Vordergrund, sofern man ihre Lebesbedürfnisse erfüllen kann: d. h. aufgrund ihrer Herkunft keine zu hohen Wärmegrade, am besten 18–22° C (maximal 25° C) und relativ weiches Wasser mit CO_2-Düngung. Wichtig ist ferner, daß die Nadelsimse ausreichend hohe Lichtintensität erhält, man also auch in Bodennähe noch genügend Beleuchtungsstärke erzielt (keine zu hohen Behälter, wirksame Reflektoren). Die Pflanzen benötigen ein möglichst feines Bodensubstrat,

Die Nadelsimse *Eleocharis acicularis*, eine dekorative Vordergrundpflanze

keinesfalls groben Kies sondern besser Grobsand verwenden. Schwache Nährstoffanreicherung des Bodens (z. B. Tetra Initial D) ist ratsam.

Lagenandra-Arten

Arten *Lagenandra*
Indien, Sri Lanka

Aus dieser den Cryptocorynen sehr nahestehenden Pflanzengattung wird hauptsächlich *Lagenandra ovata*, eine großwüchsige *Lagenandra* aus Sri Lanka als Aquarienpflanze kultiviert. Wie alle *Lagenandra*-Arten wächst sie an ihren natürlichen Standorten mehr oder minder als Sumpfpflanze. Sie vermag sich im Aquarium dennoch über längere Zeit der untergetauchten Kultivierung anzupassen, hat aber besonders in flacheren Aquarien ständig das Bestreben, aus dem Wasser herauszuwachsen, also Luftblätter zu bilden. Ratsam ist es deshalb, sie bei einem Wasserstand von mindestens 50 cm – besser mehr – zu halten. Da es sich um recht stattliche Pflanzen handelt, kommt *Lagenandra ovata* vorzugsweise als Solitärpflanze in Frage. Sie ähnelt *Cryptocoryne ciliata*, ist aber von dieser deutlich an der Blattbasis zu unterscheiden. Bei *Lagenandra ovata* verläuft die Blattspreite zur Basis verschmälert und der Blattrand läuft auf dem Blattstiel zusammen, bei *Cryptocoryne ciliata* ist die Basis gerundet bis schwach herzförmig, ohne daß der Blattrand auf dem Blattstiel zusammenläuft.

Aus Sri Lanka wird unter anderem noch *Lagenandra thwaitesii* importiert, eine kleinere, sehr dekorative Art mit weißlich-silbrigem Blattrand. Sie ist nach Eingewöhnung bei halbaufgetauchter Haltung im Aqua-Terrarium recht gut haltbar

Der Gewimperte Wasserkelch *Cryptocoryne ciliata* und *Lagenandra ovata* ähneln sich vielfach in Wuchsgröße und Aussehen. Sie sind aber sicher an der Blattbasis zu unterscheiden. Bei *Lagenandra* (rechts) laufen die Blattränder deutlich auf dem Blattstiel zusammen. Das Blatt von *Cryptocoryne ciliata* (links) zeigt diese bemerkenswerte Erscheinung nicht.

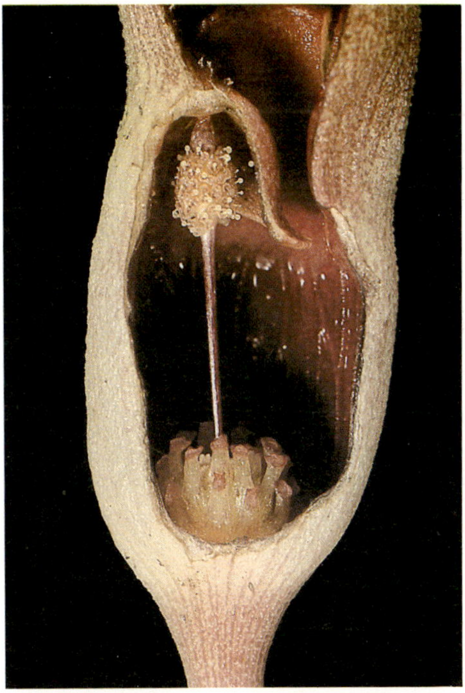

Bei halbaufgetauchter Kultur erweisen sich die meisten *Lagenandra*-Arten als ausdauernde, schöne Pflanzen und bilden relativ häufig Blüten aus. *Lagenandra thwaitesii*: Der geöffnete Blütenkessel läßt die nahe Verwandtschaft zu den Cryptocorynen deutlich werden. An der Basis die weiblichen Blütenelemente (in mehreren Kreisen – bei Cryptocorynen kreisförmig verwachsen). Darüber an dünnem Stiel der männliche Blütenstand.

und gedeiht auch bei gedämpfter Beleuchtung. Volle Sonne sollte vermieden werden. Ähnliche Kulturansprüche stellt auch *Lagenandra lancifolia*. Die südindische *Lagenandra toxicaria* ähnelt *Lagenandra ovata*, hat aber einen niedrigeren Wuchs und breitere Blätter. Sie ist stark giftig, wird als Aquarienpflanze aber offensichtlich nicht angeboten.

Bei einer ständig submersen Aquarienkultur erweisen sich die meisten *Lagenandra*-Arten als nicht ausdauernd. Eine interessante Wasserpflanzengattung für den Pflanzenfreund, der über die Möglichkeit einer halbemersen Kultur verfügt.

Thwaites' Lagenandra
Lagenandra thwaitesii

Teichrose
Nuphar Arten

Verschiedene Arten aus gemäßigten Zonen; neben *Nuphar lutea, Nuphar japonica* und *Nuphar sagittifolia.*

Teichrosen sind ausgesprochene Solitärpflanzen für große Aquarien. Was der Aquarienfreund an ihnen schätzt, sind nicht etwa die „normalen" Schwimmblätter oder Blüten, wie wir sie von unseren einheimischen Teichrosen kennen, sondern die leuchtend hellgrünen, fast rundlichen oder länglichen, z. T. auch leicht pfeilförmigen, bis zu 20 cm messenden, zarten Unterwasserblätter. Teichrosen besitzen sehr fleischige, recht empfindliche Wurzelstöcke. Man muß beim Kauf darauf achten, daß diese keine Faulstellen haben. Die Teichrosen werden an einen vollbelichteten Platz in einen nährstoffangereicherten, grobkörnigen Boden gepflanzt. Das Rhizom darf nur so tief gesetzt werden, daß es mit seinen oberen Teilen noch aus dem Bodengrund ragt. Obschon aus gemäßigten Breiten stammend, halten Teichrosen sich sehr gut im Tropenaquarium und entwickeln sich bei zusagenden Verhältnissen zu wahren Prachtexemplaren, die dem Aquarium als Solitärpflanze eine unvergleichliche Schönheit verleihen.

Eine ausreichende Wassertiefe ist wegen der Neigung zur Schwimmblattbildung erforderlich. Andererseits verlangt *Nuphar* für üppigen Wuchs auch hohe Beleuchtungsstärken. Lichtquellen mit hohem Rotanteil sollen die Schwimmblattentwicklung unterdrücken. *Nuphar lutea*, die Gelbe Teichrose, wie auch *Nuphar pumila*, die Kleine Teichrose, sind bei uns voll geschützt (!), d. h., es dürfen nur kultivierte Exemplare des Handels erworben werden. Der Handel bietet u. a. auch *Nu-*

phar japonica an, eine gleichfalls sehr prächtige Art, mit leicht pfeil- bis mehr oder weniger spießförmigen, recht variablen Unterwasserblättern. Selten im Handel ist *Nuphar sagittifolia* mit länglich-pfeilförmigen Blättern.

Die leuchtend hellgrünen, etwas durchscheinenden Blätter der Teichrose *Nuphar japonica* sind ausgesprochen dekorativ. Teichrosen zählen zu den eindrucksvollsten Solitärpflanzen des Aquariums.

Tigerlotus-Seerose

Nymphaea lotus-Gruppe
Afrika, Südasien

Tropische Seerosen werden meistens wegen ihrer bezaubernden Blüten kultiviert. Im Aquarium ist dies aber nur bedingt, das heißt mit einem erheblichen Aufwand möglich (Seite 155), jedoch können wir Seerosen untergetaucht wie die Teichrose *Nuphar* im Aquarium kultivieren. Die dekorativen Unterwasserblätter, besonders der Roten Tigerlotus, sind dabei fast noch prächtiger, da sie eine mehr oder minder rötliche Färbung mit dunkler Fleckung zeigen. Es sind in der Tat äußerst wirkungsvolle Pflanzen. Insofern zählen diese Seerosen zu den schönsten Solitärpflanzen des Aquariums. Entsprechend ihrer dekorativen Gestalt wird man die Tigerlotus stets als Blickpunkt im vorderen Teil des Aquariums pflanzen. Die Be-

Rote Tigerlotus-Seerose
Nymphaea lotus

leuchtung muß einerseits so intensiv sein, daß sich die Pflanzen voll ausfärben und kräftig entwickeln, selbst auf die Gefahr hin, daß ein starker Lichteinfall die Bildung von Schwimmblättern fördert. Sofern sich Schwimmblätter zeigen, sollte man diese entfernen. Allerdings neigt die Tigerlotus – im Gegensatz zu anderen Arten – im Aquarium weniger zur Schwimmblattbildung. Im allgemeinen entwickeln sich die Pflanzen nach wenigen Monaten zu stattlichen, bis 40 cm hohen Exemplaren. Außer der rötlichen Tigerlotus ist eine Seerose im Handel, mit ovalen, am Stielansatz tief eingeschnittenen, bis 20 cm langen Blättern, die eine rein grüne Färbung mit dunkler Fleckung zeigen. Sie wird als Grüne Tigerlotus bezeichnet. Die Artzuordnung ist bei beiden bislang nicht restlos geklärt. In jedem Fall muß man diese Seerosen wohl zu Fließwasserpopulationen von *Nymphaea lotus* rechnen. Dies würde auch die bisweilen zitierte *Nymphaea zenkeri* mit einschließen. Daneben sind noch eine Reihe anderer tropischer Seerosen-Arten im Handel, die im Aquarium aber meist weniger ausdauernd sind als die Tigerlotus. Submers relativ gut haltbar ist auch *Nymphaea micrantha* (siehe Seite 155). Alle tropischen Seerosen sollen bei Temperaturen um 25° C gehalten werden, sie verlangen regelmäßigen Teilwasserwechsel und eine eisenbetonte Düngung. Die Vermehrung kann durch Rhizomsprosse erfolgen. Aufzucht in flachem Wasser bei hoher Lichtintensität. Diese Pflanzen benötigen einen nährstoffreichen Bodengrund.

Die grüne Alternative zur „Roten Tigerlotus", die sog. „Grüne Tigerlotus" (*Nymphaea lotus*-Gruppe), eine ausgesprochen schöne und ausdauernde Unterwasser-Seerose.

„Unterwasserbanane“

Nymphoides aquatica
Nordamerika

Wegen der an ein Miniatur-Bananenbüschel erinnernden Rhizombündel als „Unterwasserbanane“ oder „Bananenpflanze“ bezeichnet, mehr eine Kuriosität als eine wüchsige Aquarienpflanze. Die submersen Pflanzen tragen mehr oder minder lang gestielte, hellgrüne, rundliche, bis 8 cm lange, an der Basis eingeschnittene, leicht dünnhäutige Blätter. Die vom Handel angebotenen Pflanzen sind im Aquarium haltbar, sofern man das Rhizombündel so über dem Bodengrund plaziert, daß die sich bildenden langen Wurzeln im Boden verwachsen können. Eine interessante Vordergrundpflanze, die im Aquarium normalerweise keine Schwimmblätter bildet. An abgelösten, treibenden Blättern werden bisweilen Adventivpflanzen beobachtet.

Die Pflanzen benötigen hohe Lichtintensität, bevorzugt wird weiches, leicht saures Wasser, Temperatur 20–24° C. Als Schwimmblattpflanze nur in flachem Wasser bei Tageslicht (Sonne) haltbar.

***Nymphoides aquatica*, eine Schwimmblattpflanze im Aquarium wegen der eigenartigen Rhizome submers kultiviert**

Breitblättriges Pfeilkraut

Sagittaria graminea var. platyphylla
Nordamerika

Mit ihren bis zu 2,5 cm breiten und gut 30 cm langen, bandförmigen, derben Blättern erinnert diese Pflanze etwas an eine Riesenvallisneria. Doch bleibt sie im Wuchs stets niedriger und ist auch mittelgroßen Becken gut anzupassen. Um möglichst breitblättrige, kräftige, sattgrüne Pflanzen zu bekommen, darf vor allem an Licht nicht gespart werden. Auch reichliche Nährstoff-Beimischung zum Bodengrund ist wichtig. Bezüglich der Wasserverhältnisse und Temperatur erweist sich dieses Pfeilkraut als sehr anpassungsfähig. Es kann sowohl in Kaltwasser- wie in Warmwasseraquarien gut gehalten werden. Sehr dekorativ wirken locker gepflanzte Gruppen. Ausläuferbildung benötigt Zeit.

Breitblättriges Pfeilkraut
Sagittaria graminea var. platyphylla

Pfriemliches Pfeilkraut

Sagittaria subulata
Atlantische Staaten der USA und weiter südlich verbreitet

Dieses Pfeilkraut, früher als „Sagittaria natans“ bekannt, zählt wohl zu den bewährtesten und robustesten Aquarienpflanzen.

Die Art wird in verschiedenen Formen kultiviert, die bei Aquarienexemplaren nicht immer eindeutig zu erkennen sind. Bei der Nominatform (*var. subulata*) erreichen die bandförmigen Blätter etwa 40 cm Länge. Solche Pflanzen ähneln *Vallisneria spiralis. Sagittaria* ist von *Vallisneria* an den Blattspitzen zu unterscheiden. Bei *Sagittaria* enden die Längsnerven vor der Spitze in dem Blattrand, bei *Vallisneria* sämtlich in der Blattspitze (mit der Lupe betrachten). Die *„forma pusilla“* (dem Formenkreis von *S. subulata var. subulata* zugerechnet) bleibt kleiner: Wuchshöhe 5–8 cm. Eine ausgesprochen schöne, durch reichliche Ausläuferbildung schnell rasenbildende Vordergrundpflanze, die hier an Anspruchslosigkeit kaum übertroffen wird. Allerdings: Kräftigen Wuchs und gute Ausläuferbildung erreicht man nur bei ungehindertem Lichteinfall, das heißt, *Sagittaria* sollte nicht etwa durch großwüchsige Schwertpflanzen abgeschattet werden. Hinsichtlich der Wassertemperatur zeigt sich *Sagittaria* aufgrund ihrer Herkunft recht anspruchslos, vermag sich aber auch an die ständig hohen Temperaturen des Tropenaquariums gut anzupassen. Extrem weiches Wasser wird nur schlecht vertragen. Man pflanzt diesen Wasserpflanzentyp stets in Gruppen, deren Größe sich danach richtet, ob man den Mittelgrund beleben möchte, eine geschlossene Hintergrundpflanzung oder einen dichten „Vordergrundrasen“ anstrebt.

Die „*forma pusilla*" des Pfriemlichen Pfeilkrauts *Sagittaria subulata var. subulata*, eine beliebte, schnellwachsende Vordergrundpflanze.

Pfriemliches Pfeilkraut
Sagittaria subulata

Salzbunge

Samolus valerandi
Gemäßigte Zonen, weltweit

Diese kleine, zarte Pflanze mit ihren leuchtend hellgrünen, verkehrt eiförmigen bis spatelförmigen, 5–6 cm langen, breiten, rosettig stehenden Blättern wird im Handel hin und wieder angeboten. Eigentlich ist sie eine echte Sumpfpflanze, die sich aber bis zu einem gewissen Grade auch den Bedingungen des Aquariums anzupassen vermag. Was ihren besonderen Reiz ausmacht, ist die zierlich gedrungene Gestalt der Blattrosetten. *Samolus* ist eine Vordergrundpflanze. Man muß aber immer gleich mehrere Pflanzen kaufen, auf Zuwachs ist im Aquarium nur unter sehr günstigen Bedingungen zu hoffen (Proliferation). Die Pflanzen sollen möglichst dicht zu einer Gruppe gepflanzt werden. Ihre Haltbarkeit im Aquarium wird unterschiedlich beurteilt. Für eine erfolgreiche Pflege ist vor allem Licht und nochmals

Licht nötig, d. h., der Beleuchtungsabstand der Lampen soll möglichst gering sein. Das setzt voraus, daß das Aquarium nicht allzu hoch ist (30 cm). Weiter liebt *Samolus* einen relativ nährstoffreichen Boden, wir dürfen also eine Nährstoffbeimischung nicht vergessen. Ferner ist wichtig: Wasser bis 10° dKH und CO_2-Düngung. Die Salzbunge ist in erster Linie eine Pflanze für das temperierte Aquarium, sie vermag bei entsprechend hoher Lichtintensität aber auch Temperaturen bis 25° C zu tolerieren. Freilich neigen viele Pflanzen mit der Zeit zu Kümmerwuchs.

Amerikanische Bachbunge *Samolus valerandi*

Eidechsenschwanz

Saururus cernuus
Nordamerika

Eine echte Sumpfpflanze, die zu einer beständigen Unterwasserpflanze für das Tropenaquarium „umerzogen" wurde. Dabei erweist sich der Eidechsenschwanz als so wüchsig und in der Pflege problemlos, daß man diese noch dazu recht dekorative Pflanze jedem Aquarienfreund empfehlen kann. Als Einzelpflanze im Vordergrund oder als größere Gruppenpflanzung zeigt sich der Eidechsenschwanz (so genannt wegen seiner eidechsenschwanzförmigen Blütenstände) als eine äußerst anpassungsfähige und schmucke Pflanze. Nur eines sollten wir beachten: gutes Licht ist für die Entwicklung kräftiger, gedrungener Pflanzen nötig, sonst wächst *Saururus* schmächtig in die Höhe, anstatt als Bodenpflanze zu fungieren. Die länglich-eiförmigen, am Grunde herzförmigen Blattspreiten erreichen eine Länge von etwa 6 Zentimetern und sind relativ lang gestielt. Im Verlauf der Zeit entwickeln die Pflanzen Ausläufer und sind so bestandsbildend.

Eidechsenschwanz
Saururus cernuus

Vallisnerie, Sumpfschraube

Vallisneria spiralis
Südeuropa, subtrop. und trop. Gebiete der Alten Welt
Vallisneria americana
Tropen und Subtropen Amerikas, Asiens und Australiens

Die Vallisnerie – welcher Aquarianer spricht schon von Sumpfschraube – zählt zu den ältesten Aquarienpflanzen. Sie findet bereits zu Ende des vorigen Jahrhunderts in der Aquarienliteratur lobende Erwähnung.

Botanisch-morphologisch gesehen müßte die Vallisnerie eigentlich zu den Stengelpflanzen zählen, nur daß ihre „Stengel" im Bodengrund horizontal verborgen sind und jene grasartigen Rosetten tragen, die wir als die Pflanze bezeichnen. Sie ist mit ihren langlinealen, bis zu 50 cm erreichenden, bandförmigen, hell- bis mit-

Vallisnerien, *Vallisneria spiralis*, entwickeln durch reichliche Ausläuferbildung sehr dichte Bestände

telgrünen Blättern eine wertvolle Aquarienpflanze. Schon wegen der Blattlänge sollte man aber alle Vallisnerien in hinreichend hohe Becken pflanzen. Nichts wirkt unschöner, als wenn sich die langen Blätter an der Wasseroberfläche umlegen. Zudem wird damit noch anderen Pflanzen das Licht entzogen. Der Boden sollte mit Nährstoffzusätzen angereichert sein, dann ist die Ausläuferbildung um so reichlicher. Gute Beleuchtung ist zwar einem kräftigen Wuchs sehr förderlich, doch zeigt sich die Vallisnerie hier anpassungsfähiger als die ähnlichen *Sagittaria*-Arten.

Schraubenvallisnerie
Vallisneria americana var. biwaensis

Man kann die Pflanzen, wenn genügend Raum vorhanden ist, etwa bei einer Hintergrundbepflanzung, ganz sich selbst überlassen. Sie bilden mit der Zeit durch Ausläufer einen dichten Bestand. Doch kann man Tochterpflanzen auch abtrennen und neu verpflanzen, falls die Bestandsbildung in eine ungewünschte Richtung verläuft. Im übrigen erweist sich „Vallisneria“ auch hinsichtlich der Temperatur als recht anspruchslos. Die Wasserwärme kann gern einmal auf 15° C absinken, wobei aus Südeuropa kommende Populationen von *Vallisneria spiralis* noch umempfindlicher sind und im Kaltwasseraquarium gut wachsen. Gelegentlich kann man bei gut eingewöhnten Pflanzen einen langen, dünnen Blütenstiel beobachten, der zur Wasseroberfläche wächst. Zu Befruchtung und Samenansatz kommt es aber nur, wenn man auch „männliche“ Pflanzen hat, die ihre kurzstielige Spatha an der Basis ausbilden. Bei der Reife steigen die winzigen männlichen Blüten an die Oberfläche, wo die Befruchtung erfolgt. Wir haben es hier also mit einer Getrenntgeschlechtigkeit zu tun, d. h., es gibt sowohl männliche als auch weibliche Vallisnerien, wobei der Anteil der weiblichen Exemplare in Aquarien bei weitem überwiegt.

Von *Vallisneria spiralis* gibt es kleinwüchsigere und höherwüchsigere, kräftig wachsende Rassen. Ihre genaue Identifizierung, d. h., ob solche Pflanzen tatsächlich zu *V. spiralis* gehören, ist oft ungenügend gesichert. Ein Teil des Handelsangebots muß zu *Vallisneria americana var. americana* gerechnet werden. Eine sichere Abgrenzung ist bei Aquarienexemplaren nicht möglich. Starkwüchsige Zuchtformen mit gedrehten Blättern werden teilweise zu *V. spiralis* gerechnet, während die bekannte „Schraubenvallisnerie“ mit schraubig gedrehten Blättern wahrscheinlich einer Varietät *var. biwaensis* von *Val-*

lisneria americana zugerechnet werden muß. Auf alle Fälle, die Schraubenvallisnerie ist eine ganz besonders eigenartige und schöne Pflanze, mehr zur Einzelpflanzung oder als kleine Gruppe für den Mittelgrund als „Blickfang" geeignet. Sie bleibt mit ihren stark gedrehten Blättern kleiner (bis zu 30 cm) als *Vallisneria spiralis* und sollte im vollen Licht stehen. In sehr weichem Wasser gedeihen die meisten *Vallisneria*-Herkünfte nicht gut. Mittelhartes Wasser ist hier zu bevorzugen, doch ist CO_2-Düngung ratsam, damit es nicht zur Bikarbonatassimilation und damit zu unerwünschten pH-Wert-Erhöhung kommt (bei größeren Beständen wichtig).

Auch die sog. „Riesenvallisnerie" (Philippinen, Neuguinea) – bislang als selbständige Art *(Vallisneria gigantea)* geführt – rechnet man nunmehr zu *Vallisneria americana*. Sie entspricht dem *Vallisneria*-Typ, doch sind ihre bandförmigen Blätter bedeutend länger (bis 2 m lang!) und 3 cm breit. Will man wirklich eine Pflanze von diesen Ausmaßen kultivieren und soll sie zur Geltung kommen, so muß man schon über ein Aquarium von mehreren hundert Litern Inhalt verfügen. Allerdings erscheint es mir fraglich, ob alles, was im Handel als „Riesenvallisnerie" angeboten wird, tatsächlich „echt" ist. Vielfach sind es wohl nur besonders starkwüchsige Rassen von *V. americana*. Der Wuchs dieser Pflanzen ist dann schon eher dem Aquarium des Durchschnittsaquarianers angepaßt.

In wirklich großen Aquarien eignet sich die Riesenvallisnerie als Hintergrundpflanze oder auch als Solitärgruppe, 3–4 Pflanzen sind sehr dekorativ, jedoch darf das Aquarium nicht zu niedrig sein, damit sich die Blätter voll entfalten können. Die Riesenvallisnerie ist auf grund ihrer tropischen Herkunft wärmebedürftiger. Die

Riesenvallisnerie *Vallisneria americana*

Temperatur sollte nie unter 20° C absinken. Diese Pflanzen benötigen nährstoffreichen Bodengrund und CO_2-Düngung zum optimalen Wachstum.

Farne und Moose

Bei den Farnen und Moosen, also Pflanzen, die nicht zu den Blütenpflanzen gehören, trifft man im Aquarium auf außerordentlich unterschiedliche Wuchsformen.

So kann oft ein prächtiges Exemplar des „Sumatrafarns" *Ceratopteris thalictroides* derartige Ausmaße erlangen, daß ein solcher Farn mit seinen hellgrünen, feingliedrigen Blättern ganz zur beherrschenden Pflanze eines mittelgroßen Aquariums wird. Andererseits kann ein so zartes Moos wie das Javamoos *Vesicularia dubyana* mit seinen sehr kleinen Blättchen sich als zierliches Büschel, etwa im Geäst von Moorkienholz oder auch zwischen Steingruppen verankert, wirkungsvoll entfalten. Was alle hier aufgeführten Arten aber auszeichnet, ist ihre außerordentlich gute Eignung für das Aquarium. Hier werden sie so gut wie allen Zwecken gerecht und stellen in der Regel geringe Ansprüche. Ihre Verwendung ist ungemein vielfältig, oft verleihen sie einer Aquarienlandschaft gerade noch jenes gewisse Etwas, das zur Vervollständigung unseres Wassergartens nötig ist. Behandelt man diese Pflanzen richtig, so sind gerade Farne und Moose recht ausdauernde Gewächse im Aquarium.

Kongo-Wasserfarn, Kongofarn

Bolbitis heudelotii
Tropisches Westafrika, Zentralafrika

Dieser Wasserfarn gehört zwar nicht gerade zu den raschwüchsigen Aquarienpflanzen, daß *Bolbitis* bei Aquarianern dennoch hoch im Kurs steht, verdankt dieser Farn vor allem seiner besonders dekorativen, feingeteilten Farnblattstruktur. Sie wird an dekorativer Wirkung in ihrer Art wohl kaum von einer anderen Aquarienpflanze erreicht. Um die Pflanzen im Aquarium gut zur Entwicklung zu bringen, heftet man die horizontal über dem Boden wachsenden Wurzelstöcke an Moorkienwurzeln an. Auf keinen Fall soll man *Bolbitis* einpflanzen! Die Beleuchtung kann leicht gedämpft sein. Der pH-Wert des Wassers soll stets im sauren Bereich liegen. Nicht zu hartes Wasser und stabiler Kohlendioxidhaushalt (CO_2-Düngung) sind bei diesem Farn besonders wichtig. Dennoch kann es längere Zeit dauern, bis sich die Pflanze im Aquarium eingewöhnt hat und Wachstum zeigt. Man muß also etwas Geduld aufbringen. Natürlich wird man diesem dekorativen Farn einen bevorzugten Platz im Blickfeld des Aquariums zuweisen. Die Vermehrung erfolgt durch Teilung der Wurzelstöcke.

Aus Südasien ist eine weitere *Bolbitis*-Art, *Bolbitis heteroclita*, eingeführt. Diese Pflanze erinnert in ihrem Aussehen eher an *Microsorium pteropus*, ist im Aquarium jedoch wenig haltbar.

Kongofarn *Bolbitis heudelotii*

Sumatrafarn

Ceratopteris thalictroides

Tropische Gebiete der Alten Welt, z.T. verschleppt

Der Sumatrafarn – mit fein fiederteiligen prächtigen Blättern – ist allen älteren Aquarianern ein Begriff. Es handelt sich um einen seit Jahrzehnten in unseren Aquarien bewährten dekorativen Wasserfarn, der außer reichlicher Beleuchtung ein leicht saures, nicht zu hartes Wasser liebt. CO_2-Düngung und Wasserdüngung bewirken besonders kräftigen Wuchs. An den Boden stellt *Ceratopteris* dagegen keine speziellen Ansprüche; den Farn nicht einpflanzen, sondern nur mit kleinen Steinen verankern. Oft wird der „Sumatrafarn" in Unkenntnis seiner Größe (Blattlängen bis 1 m) planlos an mehr oder weniger passender Stelle im Aquarium untergebracht, wo er entweder eingeht oder, bei reichlichem Licht, sich zu einer beherrschenden Pflanze entwickelt, die kleinere und mittlere Aquarien völlig „bewächst" und zu einer Solitärpflanze im wahrsten Sinne des Wortes wird. Sich selbst überlassene an der Oberfläche treibende Pflanzen bilden auch Schwimmformen. *Ceratopteris* ist sehr veränderlich, es gibt Formen, die nicht so feinblättrig sind und deshalb meistens als Eichenblattfarn bezeichnet werden. Der „Schwimmende Wasserhornfarn" muß wohl *Ceratopteris pteridoides* (siehe Seite 152) zugerechnet werden, jedoch bestehen bei der systematischen Zuordnung der Hornfarne noch einige Unklarheiten. Der Sumatrafarn kann als der schönste und für Aquarien geeignetste Wasserfarn angesehen werden. Er ist leicht zu pflegen und besonders für ein „Ostasienbecken" sehr beliebt. Infolge der reichlichen Adventivpflanzenbildung an den Blatträndern hat man stets viele Jungpflanzen zur Verfügung. Aufzucht am besten in flachem Wasser bei hoher Beleuchtungsstärke.

Sumatrafarn *Ceratopteris thalictroides*

Javafarn *Microsorium pteropus*

Javafarn

Microsorium pteropus
Südostasien

Verglichen mit dem Sumatrafarn haben wir es hier mit einem völlig anderen Farntyp zu tun. Die variablen, hell- bis mittelgrünen, etwa 30 cm langen Blätter sind ungeteilt, mehr oder weniger lanzettförmig und tragen an älteren Blättern stets schon bewurzelte Adventivpflanzen. Man sollte den Javafarn niemals einpflanzen, er wirkt als Bodenpflanze auch ziemlich langweilig. Dagegen ist dieser Farn so recht eine „Geästpflanze", die man mit feinem, dunkelgrünem Plastikbindedraht oder Angelschnur um ein Moorkienholz an heller Stelle verankert. Hier etabliert sich *Microsorium* schon nach kurzer Zeit, fühlt sich wohl und wächst. Verwendet man ihn geschickt als Begrünung des Moorkiengeästes, dann ist dieser Farn äußerst dekorativ. Im Lichtbedarf ist *Microsorium* sehr anpassungsfähig und kommt noch mit mäßigem Licht aus. Regelmäßiger Wasserwechsel und CO_2-Düngung sind weitere Faktoren, die zu kräftigem Wuchs führen.

Teichlebermoos

Riccia fluitans
Weltweit verbreitet

Eine ausgesprochene „Büschelpflanze", das heißt, die einzelnen zierlichen, gabelförmigen Pflanzenkörper kommen nur als „Masse" zur Wirkung. Das Teichlebermoos ist eine seit Jahrzehnten beliebte und geschätzte Aquarienpflanze, sie flutet an der Oberfläche und gewöhnt sich hier trotz hoher Wärmegrade im allgemeinen mühelos ein. Oft wächst sie derart üppig, daß man ständig auslichten muß und andere Aquarienfreunde mit diesem Wassermoos beglücken kann. Die „Unterwasseransicht“ verleiht dem Aquarium einen besonderen Akzent, etwas mehr „Wildnis“, wie alle flutenden Pflanzen. Als Ablaichsubstrat wird *Riccia* von jeher geschätzt, besonders auch von den schaumnestbauenden Fischen als Stützmaterial bevorzugt.

Zuweilen kommt es vor, daß das Teichlebermoos von Algen befallen wird oder aus anderen Gründen abstirbt. Das beste Vorbeugemittel ist häufiger Teilwasserwechsel, denn dieses Lebermoos scheint gegen einseitig hohe Wasserbelastungen empfindlich zu sein. Gut ist ein leicht saurer pH-Wert und eine Karbonathärte bis 10° dKH sowie CO_2-Düngung.

Javamoos

Vesicularia dubyana
Indonesien, Philippinen

Ein sehr zierliches Wassermoos, das an unser einheimisches Quellmoos (*Fontinalis*) erinnert, jedoch mit seinen sehr feinen, kaum 1 mm langen, hellgrünen Blättchen unvergleichlich zarter ist. Die Verwendung dieses Mooses im Tropenaquarium ist sehr vielseitig. Javamoos wird auch als Ablaichpflanze geschätzt. Für Dekorationszwecke kann man es besonders günstig in Büscheln am Wurzelwerk befestigen, wo es mit der Zeit zu starkem Wuchs gelangen kann. Auch an Steinen verankert, hält sich dieses Moos besonders gut und bildet sehr dichte Moosbüschel. Hinsichtlich der Beleuchtung erweist sich Javamoos als anpassungsfähig wie kaum eine

Die flutenden Polster des Teichlebermooses *Riccia fluitans* bestehen aus sog. thallösen Pflanzenkörpern

Javamoos **Vesicularia dubyana**

andere Aquarienpflanze, doch ist es selbstverständlich bei gutem Licht schnellwüchsiger und vitaler. Wichtig ist, daß man keine den Bodenmulm aufwirbelnde Fische in einem Aquarium mit Javamoos hat, da sich die feinen Schmutzteilchen in den Moosbüscheln verfangen. Auch starke Belüftung sollte man vermeiden. Allerdings kann man die mit der Zeit unansehnlich gewordenen Büschel in einem Eimer mit Wasser kräftig „auswaschen“ und wieder an ihrem Standort befestigen. Dabei kann man dann auch zu mächtig gewordenen Büschel verkleinern. In bezug auf die Temperatur ist das Javamoos recht tolerant, selbst bei Wärmegraden unter 20° C zeigt es noch Wachstum, optimal dürften jedoch 24–28° C sein. Sehr ähnlich ist auch ein anderes südostasiatisches, aquatiles Wassermoos, *Glossadelphus zollingeri*.

Schwimmpflanzen-Biotop in Süd-Thailand mit *Eichhornia crassipes, Pistia stratiotes* und *Salvinia sp.*

Schwimmpflanzen

Frei auf der Wasseroberfläche treibende Schwimmpflanzen wie auch im Bodengrund wurzelnde Pflanzen mit Schwimmblättern gehörten vor vielen Jahrzehnten zu den durchaus üblichen Aquarienpflanzen. Mit der Einführung der elektrischen Beleuchtung und geschlossener Einbauaquarien ist die Kultivierung dieser Pflanzen weitgehend zurückgegangen. Das hat seinen Grund einmal darin, daß mit künstlicher Beleuchtung bei üblichem Aufwand nicht die Lichtintensität erreicht wird, die für viele Schwimmpflanzen erforderlich ist. Zum anderen wird die Wasseroberfläche durch Lampengehäuse verdeckt, so daß der Wasserspiegel nicht dem Blick des Betrachters zugänglich ist und man Schwimmpflanzen nur aus der Unterwasserperspektive sehen kann. Obschon auch so die tief eintauchenden Wasserwurzeln und lichtdurchflutete Schwimmblätter eine reizvolle Belebung der Unterwasserflora darstellen, bieten sich heute mit dem „Offenem Aquarium“ und modernen energiereichen Hochdrucklampen ganz andere Möglichkeiten, erschließt sich dem Pflanzenfreund hier doch eine völlig neue Dimension des Aquariums. Durch die hohe Lichtintensität dieser Lampen wird es möglich, auch Schwimmpflanzen mit hohen Lichtansprüchen erfolgreich zu kultivieren, so etwa Wasserhyazinthen oder gar tropische Seerosen. Wichtig ist, daß alle Beleuchtungen den Sicherheitsbestimmungen genügen und vorschriftsmäßig installiert werden. Auch mit Leuchtstofflampen lassen sich vielfach ausreichende Lichtverhältnisse erzielen, da auf der Wasseroberfläche treibende Schwimmpflanzen ja in unmittelbarer Nähe der Lampen die höchste Lichtintensität erhalten. Natürlich wird man bei Schwimmpflanzen stets darauf achten müssen, daß der Lichtbedarf der untergetauchten Pflanzen nicht durch die Schwimmpflanzen geschmälert wird, d. h., ein Mehraufwand an Lampen ist in jedem Fall nötig. Keinesfalls dürfen große Teile der Wasseroberfläche des Aquariums mit Schwimmpflanzen bedeckt werden. Vorzugsweise wird man auch Schwimmpflanzen dort plazieren, wo sie zur Lichtdämpfung günstig sind. So ist etwa das grüne Schattenlicht des Wasserhornfarns die ideale Abschattung für Schattenpflanzen, wie einige *Cryptocoryne*-Arten, handelt es sich hierbei doch um ein gewissermaßen natürlich gefiltertes Licht.

Bisweilen gelangt der Aquarianer unfreiwillig zu Schwimmpflanzen, wie etwa der heimischen Kleinen Wasserlinse *Lemna minor*. Sie wird meist mit Lebendfutter eingeschleppt. Wie gut solche Schwimmpflanzen im Aquarium gedeihen, wird daraus ersichtlich, daß es oft recht schwierig ist, diese kleinen Pflanzen wieder los zu werden. Einige beim Abfischen übersehene Exemplare können innerhalb kurzer Zeit die Wasseroberfläche wieder bedecken. Das ist in jedem Fall nicht wünschenswert. Zu ähnlichen Massenvermehrungen neigt der kleine Karolina-Wasserfarn (*Azolla caroliniana*), jedoch nur bei optimalen Lichtverhältnissen (Tageslicht). Trotz aller Pflegemaßnahmen bleiben manche Schwimmpflanzen nur vorübergehende – aber interessante – Gäste im Aquarium. Zu groß ist ihr Lichthunger, als daß sie den künstlichen Bedingungen des Zimmeraquariums auf die Dauer gewachsen wären.

Schwimmender Wasserhornfarn

Ceratopteris pteridoides
Tropisches Amerika, nach Südostasien verschleppt

Der Schwimmende Wasserhornfarn ist ohne Zweifel eine der empfehlenswertesten Schwimmpflanzen für das Aquarium. Dies vor allem deshalb, weil dieser Schwimmfarn ausgesprochen anspruchslos und sehr anpassungsfähig ist. Auch bei der „normalen“ Aquarienbeleuchtung wächst *Ceratopteris* sehr gut. Wie alle frei treibenden Schwimmpflanzen entnimmt dieser Farn die Nährstoffe direkt dem Wasser. Es ist deshalb wichtig, für stabile Nährstoffverhältnisse zu sorgen. Unter solchen Bedingungen können die gelappten Schwimmblätter bis 20 cm Blattlänge erreichen. An älteren Blättern bilden sich zahlreiche Adventivpflanzen, so daß die Vermehrung dieses Wasserfarnes kein Problem darstellt. Der Schwimmende Wasserhornfarn ist als Abschattung für Cryptocorynenbestände hervorragend geeignet. Die tief in das Wasser hängenden Wurzeln sind mit ihrem dichten Gewirr bevorzugte Aufenthaltsorte der Jungfische. Bezüglich der Temperatur und Wasserhärte erweist sich *Ceratopteris* als recht tolerant. In der Regel ist es notwendig, die Bestände von Zeit zu Zeit auszulichten, damit lichtbedürftige Unterwasserpflanzen nicht abgeschattet werden. Inwieweit der recht ähnliche afrikanische Hornfarn *Ceratopteris cornuta* in Aquarien kultiviert wird, läßt sich nicht mit Sicherheit feststellen.

Schwimmender Wasserhornfarn
Ceratopteris pteridoides

Wasserhyazinthe

Eichornia crassipes
Tropisches Amerika, heute in den Tropen weltweit verbreitet

Die Wasserhyazinthe gehört mit ihren bauchig verdickten Blattstielen zu den interessantesten Gewächsen der Schwimmpflanzenflora. Wenngleich sie durch Massenvermehrung in vielen Gewässern der Tropen und Subtropen Schiffahrt und Fischerei behindert, so ist sie im Aquarium doch eine recht anspruchsvolle Schwimmpflanze. Dies gilt in erster Linie hinsichtlich der Beleuchtung. Die dekorativen Blütenstände werden nur bei sehr hoher Lichtenergie und entsprechend hohen Temperaturen entwickelt. Hochdrucklampen sind anzuraten. Dabei sind Lichtperioden von 11 Stunden ratsam, da Langtagsbeleuchtung (über 12 Stunden) offenbar die Blütenbildung hemmt. An flachen, sonnigen Ufern eines Gartenteichs erhält man dagegen besonders im Spätsommer nach vorausgegangenen Wärmeperioden oft reichlich Blütenbildung.

Im Aquarium wird man sich wohl überwiegend mit der dekorativen Pflanzengestalt begnügen müssen. Wasserhyazinthen sind eine willkommende Belebung der Aquarienlandschaft und durch ihren

Wasserhyazinthe, *Eichhornia crassipes*, entwickelt außerordentlich dekorative Blütenstände. Benötigt dazu sehr hohe Lichtintensität.

eigenartigen Wuchscharakter an der Wasseroberfläche außerordentlich wirkungsvoll. Auch aus der Unterwasserperspektive machen die haarfeinen Tauchwurzeln einen prächtigen Eindruck. Die Temperatur kann in einem weiten Spielraum schwanken (18–30° C), optimal sind etwa 25° C. Unter guten Lichtverhältnissen ist die Vermehrung durch Ausläufer recht produktiv. Schwache Aquarienexemplare kann man zur „Erholung" während des Sommers im Gartenteich kultivieren. – Über *Eichhornia azurea* siehe Seite 78.

Indisches Wassergras
Hygrorhiza aristata
Indien, Sri Lanka, Burma, Malaysia

Ein in der Wuchsform ungewöhnliches Wassergras viefach als „Unkraut" auf Reisfeldern. Die der Wasseroberfläche aufliegenden elliptischen bis länglich-eiförmigen dunkelgrünen Blätter mit dekorativer Zeichnung werden von schwammig verdickten Blattscheiden getragen. Die feinen Tauchwurzeln hängen tief ins Wasser. Die vom Handel angebotenen Pflanzen sind im Aquarium auf die Dauer nur bei sehr hoher Lichtintensität haltbar. Problemlos ist die Kultur bei Tageslicht (Sonne). Temperatur 22–25° C.

***Hygrorhiza aristata*, ein schwimmendes Wassergras aus Südasien im „Offenem Aquarium" kultiviert ▼**

Südamerikanischer Froschbiß

Limnobium laevigatum
Tropisches Amerika

Eine kleine, rosettig wachsende, frei treibende Schwimmpflanze mit rundlich herzförmigen und bis 20 mm langen, schwammartig verdickten Blättern. Sie ist wegen ihrer geringen Größe gut für das Aquarium geeignet und eine der bevorzugten Schwimmpflanzen des Aquarianers. Wie der Schwimmende Wasserhornfarn ist *Limnobium* hinsichtlich der Beleuchtung nicht allzu anspruchsvoll. Sobald sich die Pflanzen eingewöhnt haben, vermehren sie sich rasch durch Ausläufer. *Limnobium laevigatum* zählt zu den ältesten Aquarienpflanzen, die Pflanze wurde schon im vorigen Jahrhundert kultiviert.

Südamerikanischer Froschbiß, *Limnobium laevigatum*, weibliches Exemplar mit Blüte. Eine kleine, frei treibende, im Aquarium gut haltbare Pflanze.

Tropische Seerosen

Nymphaea-Arten

Blühende tropische Seerosen sind fraglos der Inbegriff der Schönheit exotischer Wasserflora. Im Gegensatz zur submersen Kultur der Seerosen (Seite 137) ist es bei dieser Art von Seerosenpflege absolut notwendig, sehr hohe Lichtenergie einzusetzen. Dies wird nur mit Hochdrucklampen erreicht, sofern man nicht ein Spezialaquarium bei intensivem Tageslicht aufstellt. Wichtig ist ferner die Auswahl der richtigen Arten. Nur kleine Wurzelstöcke anpassungsfähiger, nicht zu großwüchsiger Arten sind für die Zimmerkultur geeignet. Der Handel bietet unter anderem Arten aus der *Nymphaea stellata*-Gruppe an. Auch *Nymphaea micrantha* und ihre Hybriden, wie *Nymphaea x daubenyana*, sowie vor allem auch die kleinwüchsige *Nymphaea colorata* und ihre Züchtungen kommen in Frage. Bei „Offenen Aquarien" wird nicht selten auch über Blüherfolge mit der Tigerlotus (Seite 137) berichtet. Andere Arten erreichen Dimensionen, welche die Größe eines Zimmeraquariums bei weitem überschreiten. Das Rhizom soll flach gepflanzt werden, so daß die Austriebe noch über dem Bodengrund liegen. Man kann frei im Bodengrund auspflanzen, besser jedoch in einem Kulturgefäß mit Tonerdezusatz und Nährstoffdepot (z. B. Tetra Initial D). Allerdings

Tropische Seerosen (*Nymphaea*-Arten), ihre Blüten sind ein Symbol der Schönheit exotischer Wasserflora

***Nymphaea micrantha* am Fundort in Westafrika. Eine bevorzugt in flachem Wasser anzutreffende, auch im Aquarium gut haltbare, tropische Seerose. Der Gewässergrund zeigt Ablagerungen von Eisenoxid.**

soll der Boden nicht übermäßig nährstoffreich sein, da hierdurch Ausmaß und Zuwachs an Schwimmblättern übermäßig gefördert wird. Die Blütenbildung wird bei den meisten Arten begünstigt, wenn man den Wasserspiegel auf etwa 25–30 cm absenkt und die Lichtquelle entsprechend annähert (Sicherheitsabstände einhalten!). Die günstigste Temperatur liegt bei 25° C. Wasserhärte spielt hier nur eine untergeordnete Rolle. Zugegebenermaßen ist im Aquarium die Blütenbildung spärlich. Auch erreichen die Blüten niemals den kraftvollen Wuchs und die volle Farbintensität, die sie bei natürlichen Lichtbedingungen in voller Sonne entwickeln. Die Vermehrung kann z. T. durch Rhizomsprosse (Seite 137) geschehen. Bei *Nymphaea micrantha* und ihren Züchtungen bilden sich bisweilen auch Adventivpflanzen an älteren Blättern, sog. „vivipare" (= lebendgebärende) Seerosen.

Südamerikanische Seekanne

Nymphoides humboldtiana
Tropisches Amerika

Diese kleine Verwandte unserer heimischen Seekanne (*Nymphoides peltata*) ist mit ihren zierlichen, feingefransten Blüten eine auffallende Schönheit. Sie wird hin und wieder angeboten, ist jedoch eine recht anspruchsvolle Schwimmblattpflanze. Die Pflanze verlangt hohe Wärmegrade, 22–28° C, und intensive Tageslicht-Beleuchtung (Sonnenlicht). Dann erscheinen die Blüten überaus reichlich. Weniger optimale Lichtverhältnisse beeinträchtigen zwar die Blattentwicklung

***Nymphoides humboldtiana*, die Südamerikanische Seekanne, mit zierlichen, feingefransten Blüten. Eine der schönsten und zierlichsten Schwimmpflanzen, jedoch außerordentlich lichbedürftig (siehe Text).**

kaum, sie führen aber zu einem Ausbleiben der Blütenbildung. Auf ausreichende Nährstoffversorgung ist zu achten. Recht ähnlich sind auch die aus Südasien und dem tropischen Afrika angebotenen formen der Indischen Seekanne, die insgesamt dem sog. *Nymphoides indica*-Komplex zugerechnet werden.

Muschelblume, Wassersalat, *Pistia stratiotes*, mit ihren dekorativen Blattrosetten und samtartiger Blattstruktur eine wirkliche Bereicherung für jedes Aquarium.

Muschelblume, Wassersalat

Pistia stratiotes
Südostasien, heute in viele Tropengebiete verschleppt

Die Muschelblume gehört zu den klassischen Schwimmpflanzen des Aquariums. Auch ihre Haltung gewinnt heute wieder zunehmend an Interesse. Muschelblumen sind in mehrfacher Hinsicht anpassungsfähiger als manche anderen Schwimmblattpflanzen, wie zum Beispiel *Nymphaea*-Arten. Dieses gilt in erster Linie hinsichtlich der Beleuchtung. Es gelingt durchaus, *Pistia* bei Leuchtstofflampenbeleuchtung zu guter Entwicklung zu bringen. Dem kommt entgegen, daß der Raum über der Wasseroberfläche durch die Beleuchtung zusätzlich erwärmt wird und den Pflanzen das Licht aus kürzester Entfernung zur Verfügung steht. Zwar bildet die Muschelblume unter diesen Bedingungen mehr abgeflacht wachsende Anpassungsformen, doch geben einige treibende *Pistia stratiotes* schon mit ihren Wasserwurzeln jedem Aquarium einen zusätzlich exotisch wirkenden Eindruck. Auch bewirken die auf der Wasseroberfläche treibenden Pflanzen aus der Unterwasserperspektive den Eindruck räumlicher Tiefe. So ist gerade die Muschelblume mit ihren samtartig strukturierten Blättern eine der empfehlenswertesten Schwimmpflanzen für das Aquarium, und das gilt natürlich ganz besonders für das „Offene Aquarium“ mit intensiver Oberflächenbestrahlung. Wie alle Schwimmpflanzen benötigt *Pistia* Zeit zur Eingewöhnung. Man muß etwas Geduld aufbringen, wenn die Pflanzen nicht gleich freudig wachsen sollten. Einmal eingewöhnt, ist die Ausläuferbildung bei der Muschelblume oft so reichlich, daß man wöchentlich auslichten muß. Hinsichtlich der Nährstoffverhältnisse gilt – wie für alle frei treibenden Schwimmpflanzen –: die Nährstoffe müssen optimal in einer für die Pflanze verfügbaren Form zur Vergügung stehen. Gelegentlich zeigen sich bei *Pistia* gelbliche Blätter, obschon Wachstum und Ausläuferbildung noch relativ gut sind. Dies ist in der Regel ein Zeichen für Eisenmangel. Rasch wachsende Schwimmpflanzen können die Nährstoffreserven des Aquarienwassers erheblich beanspruchen. Das ist im Grunde nicht unerwünscht (Nitrat), kann aber zu Mangelsituationen führen (Eisen). Gerade hier erweist sich die Muschelblume als gute Testpflanze (Mangelsymptome werden früh erkennbar). Sofern man eine Deckscheibenabdeckung hat, sollte man besonders bei der Muschelblume darauf achten, daß es nicht zu einer Luftstagnation kommt, d. h. möglichst für etwas Freiraum bei der Abdeckung sorgen.

Rundblättrige Reussia

Reussia rotundifolia
Tropisches Amerika

Wie *Eichhornia* und *Heteranthera* gehört diese Pflanze zu den Pontederiengewächsen (*Pontederiaceae*) und wird hin und wieder angeboten. *Reussia* ist vor allem wegen ihrer relativ geringen Größe als Schwimmpflanze brauchbar. Der leicht verdickte, schwimmende Stengel wächst kriechend über der Wasseroberfläche. Die herzförmigen Blattspreiten sind bei Kulturexemplaren etwa 6 cm lang und erinnern an die Wasserhyazinthe. Mehr noch wird diese Verwandtschaft bei den kleinen Blütenständen deutlich. Sie sind vergleichbar mit Miniaturblüten von *Eichhornia crassipes*. Im Gegensatz zu letzterer ist die Blütenbildung bei *Reussia* kaum problematisch. Auch bei Kunstlicht erscheinen die Blüten. Wegen ihrer kriechenden Wuchsform sollte man *Reussia* genügend Raum an der Wasseroberfläche des Aquariums lassen, zumal die Abschattung nicht so ausgeprägt ist wie bei anderen Schwimmpflanzen. Für eine dauerhafte Kultur ist sehr hohe Lichtenergie erforderlich.

Rundblättrige Reussia, *Reussia rotundifolia*, eine recht blühwillige, kriechend an der Wasseroberfläche wachsende Verwandte der Wasserhyazinthe.

Büschelfarne

Salvinia-Arten
Tropische Gebiete

Von den tropischen Büschelfarnen ist der Brasilianische Büschelfarn, *Salvinia auriculata*, aus dem tropischen Amerika schon seit dem vorigen Jahrhundert als Aquarienpflanze bekannt. Allerdings ist es bei Aquarienexemplaren oft fraglich, ob man wirklich diese Art vor sich hat. Alle *Salvinia*-Arten sind derart lichtbedürftig, daß sie im Zimmeraquarium stark reduzierte Wuchsformen ausbilden, d. h. meist kleine, völlig flache Blätter, die kaum noch an die ursprüngliche Art erinnern. Solche „Aquarienformen“ halten sich unmittelbar unter Leuchtstofflampen relativ gut, sofern man für genügend Belüftung sorgt. Besser noch hält man diese dekorativen kleinen Schwimmfarne ohne Deckscheiben direkt im Lichtkegel einer Hochdrucklampe. Optimal ist Tageslicht (Sonne), hier entwickelt sich der Büschelfarn zu wahren Prachtexemplaren. Nährstoffreiches Wasser ist wichtig.

Büschelfarne (*Salvinia*-Arten) bilden im Aquarium meist reduzierte Anpassungsformen, dennoch sind sie dekorative interessante Schwimmpflanzen

Wenn Aquarienpflanzen nicht wachsen wollen ...

Einige Vorbemerkungen zur Tabelle

Üppiges und gesundes, frischgrünes Pflanzenwachstum wünscht sich jeder Aquarianer. Doch nicht selten stellen sich Störungen und Wuchshemmungen ein oder das Pflanzenwachstum will einfach nicht in Gang kommen. Vor allem bei der Neupflanzung bzw. Erstbepflanzung sollte man sich mit Geduld wappnen und zunächst beobachten. Wasserpflanzen reagieren sehr unterschiedlich auf Milieuveränderungen, d. h., es gibt Arten die sich relativ schnell veränderten Wachstumsbedingungen anzupassen vermögen, während andere Arten Zeit zur Etablierung benötigen und zunächst den sog. „Umpflanzschock" überwinden müssen. Dies gilt u. a. auch für emers angezogene Pflanzen, die Zeit zur Anpassung an die untergetauchten Wachstumsbedingungen benötigen.

Zeigt sich dagegen nach anfänglich gutem Wachstum ein Stillstand im Zuwachs bzw. ein Rückgang der Pflanzen, kann man davon ausgehen, daß es sich um einen Störfaktor handelt.

Die Ursachen für Wachstumsstörungen und Schadwirkungen bei Aquarienpflanzen können vielfältiger Art sein. Viele Aquarienfreunde, besonders Anfänger, vermuten bei Pflanzenschäden einen „Nährstoffmangel" und versuchen durch reichliche „Düngung" diesem vermeintlichen Mangelzustand abzuhelfen. Doch leider sind die Verhältnisse in der Praxis in der Regel nicht ganz so einfach. Wachstumsstörungen können oft mit recht komplexen Vorgängen in Zusammenhang stehen, das heißt, daß es sich um ein Zusammenspiel mehrerer Faktoren handelt, die dann zu einem entsprechenden, manchmal leider wenig typischen Schadbild führen. Dennoch gibt es einige Merkmale, die mit einiger Sicherheit auf bestimmte Schadursachen schließen lassen. Die folgende Tabellenseite soll einen kleinen Überblick über häufigere Schäden und gezielte Maßnahmen zu ihrer Beseitigung geben.

Zweifellos ist die beste Bekämpfung eines Wachstumsschadens dessen Vorbeugung. Es gilt also Maßnahmen zu treffen, die Schäden und Wachstumsstörungen von vornherein möglichst vermeiden. Was kann der Aquarianer tun, um stetig gesundes und freudiges Wachstum zu erreichen?

Auf allgemeine Fragen wie Bodengrund, Beleuchtung usw., wurde im einleitenden Abschnitt hingewiesen. Hier sei nochmals an die regelmäßige Wasserpflege erinnert. Nicht selten gehen Störungen vom Wasser aus, die sich oft schleichend einstellen, aber letztlich zu schwerwiegenden Wachstumsschäden führen können.

Wasser ist das umgebende Lebensmilieu der Aquarienpflanzen. Nicht nur für die Lebensbedürfnisse der Aquarienfische ist

◀ **Schwarze Amazonaspflanze *Echinodorus parviflorus* (s. S. 119)**

es wichtig, das Wasser regelmäßig zu kontrollieren, auch für die Pflanzen kommt es darauf an u. a. durch pH- und CO_2-Messung auf Störfaktoren oder Mangelsituationen rechtzeitig aufmerksam zu werden. Hierzu bietet z. B. das Tetra-Test-Programm bewährte, einfach anwendbare und zuverlässige Meßmethoden (u. a. Tetra-Test-pH, Tetra-Test-CO_2).

Wichtig ist die Kontrolle des Ausgangswassers, um z. B. evtl. nachfolgende pH-Wert-Erhöhungen des Aquarienwassers frühzeitig zu erkennen oder um evtl. „Vorbelastungen" des Leitungswassers an Nitrat (Nitrat-Meßstreifen) zu prüfen. Auch die Prüfung auf verfügbares Eisen kann insbesondere bei vermuteten Mangelsituationen wichtig sein. Inwieweit eine (teilweise) Aufbereitung (Entsalzung, Teilentsalzung) des Ausgangswasser mit Ionenaustauschern oder Entsalzung mittels Umkehr-Osmose-Verfahren notwendig ist, hängt von den jeweiligen Wasserverhältnissen und den ausgewählten Pflanzenarten ab. Bei hartem Wasser wirkt sich ein Zusatz von entsalztem bzw. entkarbonisiertem Wasser in jedem Fall günstig aus. Hier wäre auch das Tetra-AquaTop System zu erwähnen.

Auf keinen Fall darf es im Aquarium zu abrupten Änderungen des Wasserchemismus kommen, daraus können sich auch für die Pflanzen schwere Schockwirkungen ergeben, dies gilt ganz besonders für Cryptocorynen.

Schon bei normalem Fischbesatz und Fütterung stellt sich relativ schnell eine Belastung des Wassers ein, die das Nährstoffgleichgewicht für die Pflanzen empfindlich stört. Keinesfalls ist es so, daß die Pflanzen Stoffe, wie Nitrate und Phosphate, restlos verwerten, es verbleiben oft beträchtliche Mengen. Eine wichtige Gegenmaßnahme ist deshalb ein regelmäßiger Teilwasserwechsel, normalerweise etwa ein Viertel des Beckenvolumens wöchentlich. Um schädliche Stoffe des Leitungswassers, u. a. Schwermetallsalze, zu binden, empfiehlt sich hierbei ein Zusatz z. B. von Tetra AquaSafe. Mit dem Teilwasserwechsel wird in der Regel gleichzeitig eine schwache (!) Ausgleichsdüngung vorgenommen. Dabei nur aquarienspezifische eisenbetonte Dünger (nitrat- u. phosphatfrei) verwenden, wie u. a. Tetra Crypto-Dünger oder Tetra PlantaMin, die über Komplexbildner pflanzenverfügbar bleiben. Die Dosierung hängt vom Pflanzenwachstum ab, bei zügig wachsenden Pflanzen ergibt sich ein erhöhter Nährstoffbedarf. In gut eingefahrenen Aquarien mit Fischbesatz ist der Bedarf an zuzuführenden Dünger relativ gering (Ausnahme Eisen). In jedem Fall soll sich die Dosierung nur auf das beim Teilwasserwechsel zugeführte Volumen beziehen! Für die Düngung gilt im übrigen: sparsamste, dafür aber lieber häufigere Anwendung, die Pflanzen benötigen mit einer Düngerzugabe jeweils nur minimale Mengen. Man kann Aquarienpflanzen nicht „auf Vorrat" düngen! Auf keinen Fall darf man versuchen, gestörten Pflanzenwuchs durch übermäßige Düngergaben wieder in Gang bringen zu wollen, das hat in der Regel nur negative Folgen.

Ein Teilwasserwechsel wirkt sich auch günstig auf den CO_2-Haushalt des Aquarienwassers aus. Dennoch kann man damit kaum die CO_2-Verluste ersetzen, die durch die Pflanzenassimilation entstehen. Die Folgen sind oft sog. Bikarbonatassimilation, pH-Erhöhung und Wachstumshemmung usw. In der modernen Aquarienpflanzenpflege benutzt man deshalb die sog. Kohlensäure-Düngung mit einer dosierten CO_2-Zufuhr. Der Erfolg dieser Maßnahme ist unumstritten, zumal CO_2-Mangel zu einer häufigen Schadursache bei gestörtem Pflanzenwuchs zählt. Der Handel bietet heute eine breite Palette von Geräten für die CO_2-Zufuhr an, von einfachen Diffusionsgeräten bis zu vollautomatischen, über eine pH-Elektrode und Magnetventil gesteuerten Geräten. Der Zusatz von CO_2 ist für Aquarienfische nicht ungefährlich, sofern die zulässige Dosierung überschritten wird, deshalb Gebrauchsanweisung genau befolgen (Kontrollmessungen!). Wichtig für die Aquarienfische ist hierbei auch eine evtl. frühmorgendliche Kontrolle des Sauerstoffwertes (Tetra-Test-Sauerstoff), da bei CO_2-Düngung (zumindest tagsüber) auf Durchlüftung verzichtet werden muß.

Zur Vermeidung von Pflanzenschäden ist es ferner ratsam, ab und zu den Bodengrund auf Verdichtung zu prüfen (verdichtete Bodenoberflächen fühlen sich hart an).

Schließlich gehören zu den Vorbeugungsmaßnahmen auch ständige pflegerische Eingriffe zur Wachstumsregulierung. Selten wachsen nämlich alle Pflanzenarten im Aquarium so harmonisch, daß sie sich gegenseitig nicht beeinflußen. Normalerweise beginnen schon bald wachstumskräftige, dominierende Arten anderen, weniger wüchsigen Arten das Licht zu schmälern. Es gilt also, den Konkurrenzwuchs von vornherein in Grenzen zu halten, um die Lebensbedürfnisse weniger vitaler Arten nicht zu beeinträchtigen.

▶
Brasilianisches Tausendblatt *Myriophyllum aquaticum* (s. auch S. 91)

Prüftabelle bei Schäden und Wachstumsstörungen an Aquarienpflanzen

Aussehen des Schadens	Schadensursache	Vorbeugung, Abhilfe
A. Die Pflanzen wachsen zwar, sind aber sehr dünnstengelig und schmächtig. Dieses Merkmal tritt speziell bei Stengelpflanzen in Erscheinung; andere Pflanzen schwächlich mit reduzierten Blättern. Blätter oft auch blaßgrün (siehe auch B., C.).	Lichtmangel oder Nichtbeachtung der unterschiedlichen Lichtbedüfrnisse einzelner Arten (siehe Artenbeschreibungen im Text)	Sofern möglich, Beleuchtung verstärken, z. B. Leuchtstofflampen hinzuschalten oder Hochdrucklampen verwenden. Anzahl der Leuchtstofflampen abhängig vom Abstand Bodengrund – Wasseroberfläche, effektive Reflektoren verwenden. Pflanzenstandort überprüfen.
B. Wachstum mehr oder minder gestört, kein oder nur sehr geringer Zuwachs, zuweilen werden auch direkte Blattschäden sichtbar.		Allgemein: sofortiger Teilwasserwechsel ($^1/_3$–$^1/_2$ Beckenvolumen), Frischwasser z. B. mit AquaSafe aufbereiten.
a) Wachstumsstillstand ohne jeden erkennbaren Schaden an Pflanzen, „Wachstumsmüdigkeit“	Wasser oft zu alkalisch, pH-Wert prüfen, Boden prüfen (siehe e).	Bei Werten, die pH 7,5 überschreiten Teilwasserwechsel ($^1/_3$), CO_2-Düngung ratsam, gegebenenfalls Teilentsalzung, bei „Wachstumsmüdigkeit“ evtl. auch Verjüngung mit Neupflanzung.
b) Wie a) Wachstumsstörung ohne erkennbare Merkmale, doch Blätter einzelner Arten (z. B. *Echinodorus*) mit harten Kalkablagerungen (starke Bikarbonatassimilation).	Aquarienwasser stark an Kohlendioxid verarmt, CO_2-Gleichgewicht gestört, pH-Anstieg, pH-Wert und CO_2 prüfen!	Kalkbekrustete Blätter deuten stets auf akuten Kohlendioxidmangel hin. Zunächst Frischwasserzufuhr, Kohlendioxidverluste wie Belüftung (Ausströmer) vermeiden. CO_2-Düngung ratsam. Bei härterem Wasser evtl. auch Teilentsalzung.
c) Blätter, besonders junge und schnellwüchsige Pflanzen, sind blaßgrün, z. T. gelblich-grün, verlangsamter Wuchs.	Nährstoffmangel, oft Blockierung von Nährstoffen im Wasser, insbesondere des Eisens.	Teilwasserwechsel und vorsichtig wiederholte Aufdüngung z. B. mit Tetra Crypto-Dünger oder Tetra PlantaMin (jeweils mit Teilwasserwechsel), Wirkung abwarten.
d) Kleine, z. T. glasige Flecken an Blättern. Hierher gehört teilweise auch der Symptomenkomplex der sog. „Cryptocorynenkrankheit“ (siehe f)	Wasser einseitig „überlastet“, oft zu hohe Stickstoffwerte, prüfen z. B. mit TetraTest, pH, Nitrat prüfen, evtl. auch zu hoher Gehalt an Chloriden.	Teilwasserwechsel häufiger durchführen, Überbesetzung des Aquariums vermeiden, siehe auch allgemeine Maßnahmen B., keine Kochsalzzugaben zum Aquarienwasser, evtl. auch Teilentsalzung

Aussehen des Schadens	Schadensursache	Vorbeugung, Abhilfe
e) Ausgeprägte Blattschäden, besonders an jungen Blättern, z. B. bei Amazonas-Schwertpflanzen (bräunliche Zonen, braune Ränder an Blättern).	Verschiedene Ursachen, z. T. wie unter d), u. a. auch Kaliummangel, Bodenwasserstagnation (bzw. zu fester Bodengrund), „Bodenmüdigkeit“	pH-Wert prüfen, Bodenstruktur überprüfen, evtl. auch Geruchsprobe: übelriechender Boden deutet auf Fäulnisprozesse, Teilwasserwechsel, ggf. Bodengrund erneuern, mit Nährstoffen anreichern (Tetra Initial D) u. Neupflanzung. Stagnation beseitigen, Unterbodenheizung oder Bodenheizung mit Niedervoltheizkabel)
f) Nur bei Cryptocorynen: entweder schleichend beginnend wie bei d) (glasige Blattzonen) oder spontaner Zerfall des Bestandes z. T. innerhalb weniger Stunden	Sog. „Cryptocorynenkrankheit“, unterschiedliche Anfälligkeit einzelner Arten	Alle plötzlichen Veränderungen der Kulturbedingungen vermeiden! Keine abrupten Änderungen des Wasserchemismus, keine plötzliche Steigerung der Lichtintensität, behutsam vorgehen! Bei eingetretenem Schaden zerfallene Teile sofort absaugen und wiederholter Teilwasserwechsel ggf. auch Totalwasserwechsel, Pflanzen treiben in der Regel wieder aus.
C. Die Pflanzen zeigen deutlich sichtbare Schäden, wachsen aber (verlangsamt) weiter.		
a) Scharf umrissene, rundliche Löcher in der Blattfläche, nur bei zartblättrigen Pflanzen, bei derberen Blättern zuweilen sog. „Raspelspuren“	Schneckenfraß, u. a. durch eingeschleppte, heimische Schlammschnecken	Neu erworbene Pflanzen stets auf etwaige Schnecken und deren Laichbesatz an Blättern überprüfen. Mit Schneckenlaich behaftete Blätter entfernen, nicht ins Aquarium überführen, Pflanzen sorgfältig absuchen. Bei eingetretenem Befall und Pflanzenschäden Schnecken absammeln, gegebenenfalls auch ködern. Nach Ausschalten der Beleuchtung Kartoffelscheiben oder Futtertabletten auslegen.
b) Pflanzen, insbesondere zartblättrige, sehen wie „zerrupft“ aus, oft sind die Blätter auch völlig abgefressen.	Unter Aquarienfischen findet man nicht nur ausgesprochene „Vegetarier“, sondern auch Arten, die sporadisch eine Vorliebe für zarte Wasserpflanzenblätter entwickeln.	Bei Aquarienfischen, von den bekannt ist, daß sie Pflanzen fressen oder beschädigen, möglichst derbblättrige Pflanzen verwenden, wie u. a. *Cryptocoryne ciliata, Anubias*. Vor allem Ergänzung der Fütterung durch vegetabilische Nahrung, wie z.B. TetraPhyll oder auch TetraTips.

Aussehen des Schadens	Schadensursache	Vorbeugung, Abhilfe
c) Pflanzen „veralgen“, oft tragen ältere Blätter einen festen Algenbelag (festhaftende Grünalgen sog. „Pelzalgen“ oder sog. „Bartalgen“), teilweise sind die Pflanzen auch mit einem schmierigen, dunkelblaugrünen, nur lose haftenden Algenbelag überzogen (Blaualgen).	Oft ist zu „altes“, d. h. zu wenig gewechseltes Wasser für vermehrtes Algenwachstum günstig = Bedingungen, unter denen sich Algen auf Pflanzenblättern ansiedeln können, z. B. auch Bikarbonatassimilation (siehe b), oft auch einseitiges Nährstoffangebot (Stickstoff, Phosphat) siehe unter Kapitel Algen.	Vorbeugend: pH-Konstanz durch CO_2-Düngung, regelmäßiger Teilwasserwechsel. Vor allem jedoch schnellwachsende Stengelpflanzen (Erstbepflanzung z. B. Hornkraut) als vorbeugende Maßnahme, zügig wachsende Pflanzenbestände lassen keinen Algenwuchs aufkommen. Beginnender Befall kann oft durch tägliches Entfernen (z. B. Absaugen bei Blaualgen) eingedämmt werden. Bei den festhaftenden Bartalgen sollen befallene Blätter frühzeitig entfernt werden (siehe auch S. 62), gegebenenfalls „Putzfische“ einsetzen. Wasser prüfen (pH, CO_2, Nitrat). Im Notfall Algizide, z. B. Tetra Algizit bei starkem Befall oder Tetra Algetten mit dosierter Abgabe bzw. als mildes biologisch wirkendes Mittel Tetra-AlguMin (Huminsäureextrakte).
d) Nur bei Überwasserblättern und Schwimmblättern z. B. in offenen Aquarien: Blätter verkrüppeln, rollen sich ein usw.	nähere Untersuchung zeigt meist Blattlausbefall	Auf keinen Fall Insektenbekämpfungsmittel in fischbesetzten Aquarien verwenden! Befallene Blätter wiederholt unter Wasser tauchen, Blattläuse abfischen, stark gekrauste Blätter ganz entfernen.

Zu geringe Lichtintensität führt zu schmächtigen Pflanzen. Besonders deutlich reagieren hier Stengelpflanzen, wie z. B. das Seegrasblättrige Trugkölbchen *Heteranthera zosterifolia*: die Blattflächen sind reduziert, der Stengel dünn und übermäßig gestreckt. Vergleiche hierzu Abbildung Seite 79

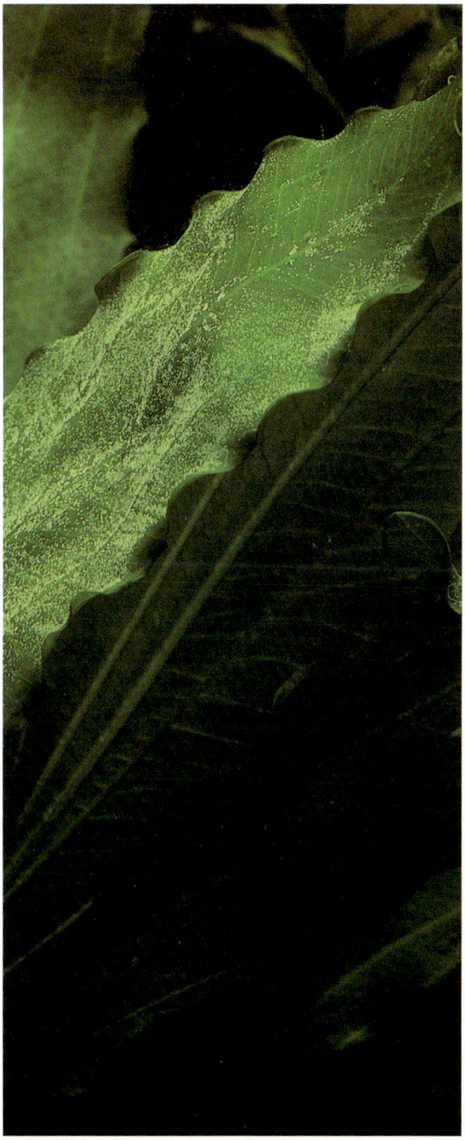

Echinodorus-Blatt mit Kalkniederschlag. Wasserpflanzen benötigen Kohlendioxid (CO_2) zur Assimilation. Verarmt das Aquarienwasser an CO_2, vermögen einige Arten aus dem Bikarbonat des Wassers CO_2 abzuspalten (sog. Bikarbonatassimilation). Dabei kommt es zu Kalkniederschlägen auf den Blattoberflächen, die Blätter fühlen sich rauh an. Gleichzeitig kommt es zu einem pH-Anstieg, ein unerwünschter Vorgang. Abhilfe: CO_2-Düngung.

Frei treibende Schwimmpflanzen, wie die Muschelblume *Pistia stratiotes* (Seite 159), sind meist gute Indikatoren für den Nährstoffgehalt des Aquarienwassers. Bei Mangelsituationen bilden sie chlorotische „Hungerformen“ mit vergilbenden Blättern (im Bild links). Rechts im Bild Pflanzen aus einem Behälter mit regelmäßigem Teilwasserwechsel und eisenbetonter Aufdüngung.

Die „Cryptocorynenkrankheit“, ein völlig zusammengebrochener Bestand von *Cryptocoryne crispatula*. Ursache solcher Katastrophen sind langsam fortschreitende Belastungen des Wassers, oft aber auch abrupte Veränderungen des Kulturmilieus, z. B. ein Temperatursturz, plötzliche Veränderung der Wasserhärte, des pH-Wertes usw. Zu beachten ist die „Lichtempfindlichkeit“ vieler Cryptocorynen. Ihr Pigmentsystem verträgt keine spontane Steigerung der Lichtintensität. Bei Lampenwechsel zunächst abschatten.

Algenbefall deutet meist auf einen gestörten Gleichgewichtszustand des Aquarienwassers hin. Die sog. „Blau- oder Schmieralgen" (Cyanobakterien) gehören zu den ausgesprochen unliebsamen Gästen im Aquarium. Sie überziehen oft innerhalb kurzer Zeit Bodenpartien und Pflanzenbestände mit schmierigen Überzügen. Abhilfe: Algen täglich absaugen, häufiger Teilwasserwechsel, Senkung der organischen Belastung. Maßnahme erfordert Geduld.

Rasch wachsende Pflanzenbestände sind die beste „Algenversicherung". Hier kommt besonders das Hornkraut *Ceratophyllum demersum* in Betracht. Zur Algenprophylaxe am besten frei treibend kultivieren (Seite 75).

Aquarienpflanzennamen – manchmal ein Ärgernis

Eine eindeutige, unverwechselbare, international gültige Benennung der Aquarienpflanzen erfolgt mit dem wissenschaftlichen Namen, der sich aus Gattungs- (z. B. *Hygrophila*) und Artnamen (z. B. *polysperma*) zusammensetzt (sog. binäre Nomenklatur). Daraus können durch Übersetzung deutsche Bezeichnungen gebildet werden, so beim Namen Wasserfreund (= *Hygrophila*). So müßte *Hygrophila polysperma* eigentlich „Vielsamiger Wasserfreund" heißen, es hat sich aber die Bezeichnung „Indischer Wasserfreund" eingebürgert, allen Aquarianern ein Begriff, so auch der „Riesenwasserfreund" (*Hygrophila corymbosa*). Hingegen trägt eine andere, sehr populäre *Hygrophila*-Art nämlich *Hygrophila difformis* gleich mehrere deutsche Namen, u. a. Indischer Wasserwedel oder Wasserwedel, Wistarie oder Wasserwistarie, Indischer Wasserstern oder Indische Sternpflanze, wobei Sternpflanze auch für *Eusteralis stellata* gebraucht wird und der Name „Wasserstern" einer anderen Gattung zukommt. Für *Eusteralis* wird auch der Name Sternrotala gebraucht, ein Name, der möglicherweise aufgrund einer falschen Zuordnung entstanden ist. Kurz gesagt: deutsche Pflanzennamen sind nicht immer eindeutig. Auch haben sich viele deutsche Bezeichnungen nicht allgemein durchgesetzt so z. B. der Name „Wasserkelche" für Cryptocorynen oder „Sumpfschraube" für Vallisnerie, wer spricht schon bei *Cryptocoryne x willisii* von „Willis' Wasserkelch" aber z. B. *Cryptocoryne wendtii* kurz „die Wendtii" ist den meisten Aquarianern ein Begriff. Ähnliches gilt für „Wasserähren" hier ist *Aponogeton* sehr viel geläufiger. Umgekehrt hat sich die Bezeichnung „Schwertpflanze" oder „Amazonas" für viele *Echinodorus*-Arten durchgesetzt, allerdings greift man hier bei der Artbezeichnung vielfach auf den wissenschaftlichen Namen zurück. Andererseits haben sich deutsche Bezeichnungen wie Tigerlotus, Muschelblume, Hornkraut usw. als unzweideutig erwiesen, während wiederum *Cabomba* oder *Ludwigia* gebräuchlich sind und in einzelnen Fällen keine deutschen Namen existieren, so bei *Barclaya*.

Will man sicher gehen, die richtige Pflanze im Handel zu bekommen, sollte man ihren wissenschaftlichen Namen erfragen. Einige Wasserpflanzengärtnereien statten ihre Pflanzen auch mit einem Etikett und genauer Bezeichnung aus.

Freilich, absolute Sicherheit bietet ein wissenschaftlicher Pflanzenname auch nicht. Einmal können Pflanzen falsch zugeordnet oder verwechselt sein. Das kann z. B. bei „schwierigen" Gattungen, wie Cryptocorynen, vorkommen, da die Identifizierung gestaltlich sehr ähnlicher Arten in vegetativem Zustand nicht immer eindeutig zu ermitteln ist. Andererseits kann ein wissenschaftlicher Name auch geändert werden. Sei es, daß die Pflanze beim

Import falsch bestimmt wurde oder fälschlicherweise als neue Art beschrieben wurde, wie z. B. im Fall *Cryptocoryne „haerteliana"*, ein Fehler, der erst viele Jahre später erkannt wurde und zur Namensberichtigung in *Cryptocoryne affinis* führte. Umbenennungen können auch aufgrund wissenschaftlicher Revisionen erfolgen, so daß uns bislang vertraute Namen geändert werden müssen, d. h. zu sog. Synonymen werden. Für solche Synonymie bietet wiederum der Indische Wasserwedel *Hygrophila difformis* ein (für den Laien oft unverständliches) Beispiel. Die Pflanze wurde ursprünglich als *Ruellia difformis* (1791) beschrieben, später als *Ruellia triflora*, *Adenosma triflora* und *Cardanthera triflora* bezeichnet und schließlich gegen Ende des vorigen Jahrhunderts in *Synnema triflorum* umbenannt, ein Name, der sich auch nach dem Import und der Bestimmung der Pflanze (1956) durchsetzte. Später (1971) offenbarte sich, daß der Gattungsname *Synnema* offensichtlich nicht gerechtfertigt war und die Pflanze wurde in *Hygrophila difformis* umbenannt. Solche für den Aquarienfreund meist unerfreulichen Änderungen ergeben sich immer wieder so, u. a. auch bei der Gattung *Vallisneria*, ganz zu schweigen von der Gattung *Cryptocoryne* bei der selbst Fachleute sich nicht immer einig sind. – Wo ungültige Zweitnamen (Synonyme) noch gebräuchlich sind, wurden sie in der folgenden Tabelle mit aufgeführt.

Indischer Wasserwedel ▶
Hygrophila difformis

Übersicht der behandelten Arten nach Lebensansprüchen und Verwendung im Aquarium

Seite	Wissenschaftlicher Name	Deutscher Name	Herkunft	Lichtbedarf*	Temperatur
70	*Alternanthera reineckii*	Papageienblatt	Brasilien	hoch bis sehr hoch	22–26° C
71	*Ammannia*-Arten	Ammannie, Kognakpflanze	Tropisches Afrika	hoch bis sehr hoch	22–28° C
129	*Anubias*-Arten	Afrikanische Speerblätter	Westafrika	hoch	22–28° C
123	*Aponogeton boivinianus*	Bucklige Wasserähre	Madagaskar	hoch	22–25° C
124	*Aponogeton crispus* (= *A. echinatus*)	Krause Wasserähre	Indien, Sri Lanka	hoch	20–28° C
125	*Aponogeton madagascariensis*	Gitterpflanze	Madagaskar	hoch	um 22° C
126	*Aponogeton rigidifolius*	„Leder"-Aponogeton	Sri Lanka	hoch bis sehr hoch	22–25° C
126	*Aponogeton ulvaceus*	Ulvablättrige Wasserähre	Madagaskar	hoch	22–25° C
128	*Aponogeton undulatus*	Gewelltblättrige Wasserähre	Indien, Malaiische Halbinsel	mäßig bis hoch	22–25° C
76	*Bacopa caroliniana* (*B. amplexicaulis*)	Fettblatt	Nordamerika	hoch	16–24° C
131	*Barclaya longifolia*	„Barclaya"	Burma Thailand	hoch	24–30° C
132	*Blyxa*-Arten	Fadenkraut	Ostasien	sehr hoch	22–28° C
146	*Bolbitis heudelotii*	Bolbitis-Wasserfarn	Tropisches Afrika	mäßig bis hoch	22–28° C
73	*Cabomba*-Arten	Wasserhaarnixen, Haarnixen	Tropisches Amerika	sehr hoch	20–26° C
75	*Ceratophyllum*-Arten	Hornkraut	Weltweit verbreitet	hoch	bis 25° C

Besondere Ansprüche	Verwendung im Aquarium	Bewertung
verlangt freien, gut beleuchteten Standort	als Gruppenpflanzung, dekorativer Farbkontrast	farbenprächtige Stengelpflanze, im Wuchs verhältnismäßig langsam
keine Abschattung durch andere Pflanzen	als kompakte Gruppen im Vordergrund	farblich sehr schöne Stengelpflanze
Wasserpflege (CO_2) besonders wichtig	meist Solitärpflanzen, *Anubias barteri var. nana* im Bestand	dekorative Pflanzen, Wuchs relativ langsam
Ruhezeit unbedingt einhalten	Solitärpflanze für große Becken	sehr dekorativ!
anspruchslose Art	meist Einzelpflanzung in mittelgroßen Aquarien	einfach zu kultivieren und relativ ausdauernd
Kultur problematisch, häufiger Wasserwechsel!	Solitärpflanze	wegen der Blattstruktur begehrt (siehe Text)
nährstoffreicher Bodengrund	wunderschöne Solitärpflanze	wächst langsam
Ruhezeit beachten	ausgesprochene Solitärpflanze	empfehlenswert, besonders dekorativ
keine	auch als Gruppenpflanze, in kleineren Behältern Solitär	leicht zu vermehren, anspruchslos
volles Oberlicht	nur in Gruppenpflanzung für Aquarien jeder Größe	wächst ziemlich langsam
warmer und nährstoffreicher Boden	ausgesprochen dekorative Solitärpflanze	eine der schönsten Aquarienpflanzen!
sehr lichtbedürftig	Gruppenpflanzung im Mittelgrund	oft nicht sehr ausdauernd
nicht einpflanzen, auf Kohlendioxidgleichgewicht besonders achten!	schöne Pflanze im vorderen Blickfeld des Aquariums	einer der schönsten Wasserfarne, benötigt Zeit zur Eingewöhnung
je nach Art unterschiedlich	außerordentlich dekorative Pflanzengruppen	eine der schönsten Stengelpflanzen
kann frei flutend gehalten werden	ideal für den Erstbesatz	schnellwüchsige Art

Seite	Wissenschaftlicher Name	Deutscher Name	Herkunft	Lichtbedarf*	Temperatur
152	*Ceratopteris pteridoides*	Schwimmender Wasserhornfarn	Trop. Amerika, Südostasien	hoch	22–28° C
147	*Ceratopteris thalictroides*	Sumatrafarn, Wasserhornfarn	Südasien	hoch	22–26° C
133	*Crinum*-Arten	Hakenlilien	Thailand, Westafrika	hoch	24–26° C
98	*Cryptocoryne affinis* (*C. haerteliana*)	Härtel's Wasserkelch*	Malaiische Halbinsel	mäßig	24–26° C
100	*Cryptocoryne aponogetifolia* (*C. „usteriana"*)	Hammerschlag Wasserkelch*	Philippinen	hoch	24–26° C
100	*Cryptocoryne ciliata*	Gewimperter Wasserkelch*	Südostasien	hoch	24–26° C
103	*Cryptocoryne cordata* (*„blassii"-Typ*) (*„siamensis"-Typ*)	Blass' Wasserkelch*	Südthailand, Malaiische Halbinsel	mäßig	24–26° C
102	*Cryptocoryne crispatula* (*C. balansae*)	Genopptblättriger Wasserkelch*	Indien bis Vietnam	hoch	24–26° C
105	*Cryptocoryne pontederiifolia* (*C. sulphurea*)	Pontederienblättriger Wasserkelch	Sumatra	mäßig bis hoch	24–26° C
105	*Cryptocoryne purpurea*	Purpurroter Wasserkelch*	Malaiische Halbinsel	mäßig	24–26° C
106	*Cryptocoryne wendtii*	Wendt's Wasserkelch*	Sri Lanka	mäßig	24–26° C
108	*Cryptocoryne × willisii* (*C. „nevillii"*)	Willis' Wasserkelch*	Sri Lanka	hoch	24–26° C
76	*Didiplis diandra* (*Peplis diandra*)	Amerikanische Bachburgel	Nordamerika	hoch	20–24° C
110	*Echinodorus amazonicus* (*E. brevipedicellatus*)	Schmalblättrige Amazonas-Schwertpflanze	Tropisches Südamerika	hoch	24–26° C
112	*Echinodorus berteroi*	Zellophanpflanze	Mittelamerika, südl. USA	hoch	20–26° C
112	*Echinodorus bleheri* (*E. paniculatus*)	Große Amazonas-Schwertpflanze	Tropisches Südamerika	hoch	24–26° C
114	*Echinodorus cordifolius* (= *E. radicans*)	Herzblättriger Wasserwegerich	Mexiko, südl. USA	hoch bis sehr hoch	20–26° C

* Deutsche Bezeichnungen sind bei Cryptocorynen kaum gebräuchlich

Besondere Ansprüche	Verwendung im Aquarium	Bewertung
gedeiht auch bei üblicher Beleuchtung	als Schwimmpflanze frei treibend mit feinen Tauchwurzeln	beliebter Schwimmfarn, recht ausdauernd, dekorativ
volles Licht	als Solitärpflanze, z. B. in mittelgroßen Becken	empfehlenswert und gut ausdauernd
tiefgründiger Boden, der Zwiebelgröße entsprechend	dekorative Hintergrundpflanze nur für große Aquarien, evtl. auch solitär	besonders empfehlenswert *C. thaianum*
eine Schattenpflanze	sehr schöne Pflanzengruppen	wüchsig und dekorativ
benötigt volles Licht!	Solitärpflanze für große Behälter	nur in großen Aquarien wirkungsvoll
benötigt volles Licht!	Solitärpflanze auch Gruppenpflanzung	gut haltbar, großwüchsig, sehr dekorativ
Schattenpflanzen	als Gruppenpflanzung in größeren Behältern	gut wüchsig, sehr dekorativ
benötigt relativ hohe Becken	Solitärpflanze oder auch als Gruppenpflanzung	wächst verhältnismäßig langsam
keine	Gruppenpflanzung im Mittel- und Hintergrund	gut anpassungsfähige und ausdauernde Art, empfehlenswert
Wasser bis 10° dKH, Schattenpflanze	als Pflanzengruppe in größeren Aquarien	bewährte, schöne, ausdauernde Pflanze
anspruchslos, sehr anpassungsfähig	stets als Gruppenpflanzung	sehr empfehlenswert, schnellwüchsig und dekorativ
möglichst keine Abschattung	ausgesprochene Vordergrundpflanze für Aquarien aller Größen	gut wüchsig, empfehlenswert
keine Abschattung durch andere hochwüchsige Pflanzen	dekorative Gruppenpflanze für den Mittelgrund des Aquariums	recht populäre, ziemlich anspruchslose Stengelpflanze
anpassungsfähige Art	in Gruppen (große Aquarien) oder als Solitärpflanze	bewährte und schöne Aquarienpflanze
möglichst hoher Wasserstand	nur als Solitärpflanze, interessante Blattstruktur	nicht immer ausdauernd!
nur in großen Becken (ab 100 Liter)	Solitärpflanze mit sehr üppiger Blattentwicklung	sehr wüchsig, leicht zu kultivieren
möglichst hoher Wasserstand	nur als Solitärpflanze	schnellwüchsig und gut haltbar

Seite	Wissenschaftlicher Name	Deutscher Name	Herkunft	Lichtbedarf*	Temperatur
116	*Echinodorus horemanii*	Horemans Schwertpflanze	Brasilien	hoch	22–26° C
117	*Echinodorus latifolius* (*E. intermedius*)	Mittlere Amazonaspflanze	Mittelamerika, nördl. Südamerika	hoch	22–26° C
118	*Echinodorus maior* (*E. martii*)	Riesen-Amazonaspflanze	Südamerika	hoch bis sehr hoch	22–26° C
119	*Echinodorus osiris* (*E. rubra*)	Rotblättrige Amazonaspflanze	Brasilien	hoch bis sehr hoch	22–26° C
119	*Echinodorus parviflorus* (*E. peruensis*)	„Schwarze Amazonas“	Südamerika	hoch	22–26° C
117	*Echinodorus quadricostatus var. xinguensis, E. bolivianus*	Zwergamazonas	Südamerika	hoch	22–26° C
120	*Echinodorus tenellus*	Grasartige Amazonas	Süd- bis Nordamerika	hoch bis sehr hoch	20–26° C
76	*Egeria densa*	Argentinische Wasserpest	Argentinien	hoch bis sehr hoch	14–22° C
78	*Eichhornia azurea*	Dünnstielige Wasserhyazinthe	Zentralamerika bis Nordargentinien	sehr hoch	22–26° C
153	*Eichhornia crassipes*	Wasserhyazinthe	Tropengebiete, weltweit	extrem hoch	18–30° C
134	*Eleocharis acicularis*	Nadelsimse	Nördl. gem. Zonen, Südamerika, Australien	sehr hoch	18–22° C
78	*Eusteralis stellata*	Sternpflanze	Südostasien	sehr hoch	um 25° C
79	*Hemianthus micranthemoides*	Perlenkraut	Nordamerika	sehr hoch	um 22° C
79	*Heteranthera zosterifolia*	Seegrasblättriges Trugkölbchen	Südamerika	hoch bis sehr hoch	um 24° C
81	*Hydrocotyle leucocephala*	Südamerikanischer Wassernabel	Südamerika	hoch bis sehr hoch	22–25° C

Besondere Ansprüche	Verwendung im Aquarium	Bewertung
volles Oberlicht	in kleinen Gruppen, evtl. auch als Solitärpflanze	gut haltbare, dekorative Schwertpflanze
keine	nur in Gruppenpflanzung wirksam	unproblematisch in der Kultur, reichlich Ausläufer
volles Oberlicht	als Solitärpflanze, in großen Aquarien (ab 200 Liter) auch in Gruppen	ausdauernd und empfehlenswert
volles Licht	meist als Solitärpflanze	großwüchsige, schöne, auch farblich prächtige Schwertpflanze
keine	wirkt besonders schön in kleinen Gruppen (Aquarien ab 100 Liter)	sehr dekorative mittelgroße Art
Abschattung vermeiden!	dekorative, „rasen"wüchsige Vordergrundpflanze	raschwüchsige, schnell bestandsbildende Zwergart, empfehlenswert
keine Abschattung!	Vordergrundpflanze, sehr niedrig, „rasenbildend"	bewährte, schöne, zierliche Vordergrundpflanze
möglichst nicht zu warm halten	dicht stecken, für Mittelgrund	bei hohen Temperaturen oft nicht sehr ausdauernd
volles Oberlicht!	meist als Solitärpflanze im Vorder- u. Mittelgrund	besonders dekorative Aquarienpflanze, die jedoch nicht immer beständig ist
außerordentlich lichtbedürftig, Tageslicht oder Quecksilber-Hochdrucklampen	frei treibend sehr dekorativ, auch durch Tauchwurzeln	bekannte, schöne Schwimmpflanze, nur bei kräftiger Beleuchtung ausdauernd
keine zu hohen Temperaturen!	sehr wirkungsvolle Vordergrundpflanzen	bewährte Aquarienpflanze insbesondere auch für Kaltwasseraquarien
möglichst geringer Lampenabstand, weiches Wasser u. CO_2-Düngung	kommt bes. als kleine Gruppe im Vordergrund zur Geltung	eine sehr dekorative Pflanze, bedarf jedoch sorgsamer Pflege
möglichst naher Lampenabstand	sehr zierliche Vordergrundpflanze	etwas empfindlich
volles Oberlicht	vielseitig als Gruppenpflanze	bewährte, empfehlenswerte Art
keine	meist Einzeltriebe im Vordergrund	wüchsige und ausdauernde Art

Seite	Wissenschaftlicher Name	Deutscher Name	Herkunft	Lichtbedarf*	Temperatur
81	*Hydrocotyle vulgaris*	Wassernabel	Europa	hoch bis sehr hoch	bis 22° C
82	*Hygrophila corymbosa (Nomaphila stricta)*	Riesen-wasserfreund	Südostasien	hoch	22–28° C
83	*Hygrophila difformis (Synnema-triflorum)*	Indischer Wasserwedel	Indien bis Malaiische Halbinsel	hoch	22–28° C
84	*Hygrophila polysperma*	Indischer Wasserfreund	Südostasien	hoch	22–28° C
154	*Hygrorhiza aristata*	Indisches Wassergras	Indien bis Malaysia	extrem hoch	22–25° C
85	*Lagarosiphon madagascariensis*	Madagaskar-Wasserpest	Madagaskar	hoch bis sehr hoch	22–26° C
135	*Lagenandra*-Arten	Lagenandra	Indien, Sri Lanka	hoch	24–28° C
86	*Lilaeopsis*-Arten	Graspflanzen	Amerika, Australien, Neuseeland	sehr hoch	22–26° C
155	*Limnobium laevigatum*	Südamerikanischer Froschbiß	Tropisches Amerika	sehr hoch	20–28° C
86	*Limnophila*-Arten	Sumpffreund-Arten	Südostasien	hoch bis sehr hoch	22–28° C
88	*Lobelia cardinalis*	Kardinalslobelie	Nordamerika	hoch	15–24° C
89	*Ludwigia*-Arten	Ludwigie	gemäßigte u. warme Zonen	hoch bis sehr hoch	16–24° C
90	*Marsilea crenata*	Zwergkleefarn	Philippinen Indonesien	sehr hoch	22–26° C
91	*Mayaca fluviatilis*	Flutendes Mooskraut	Südl. USA, trop. Amerika	sehr hoch	22–26° C
148	*Microsorium pteropus*	Javafarn	Südostasien	mäßig	22–28° C
91	*Myriophyllum*-Arten	Tausendblatt-Arten	Weltweit	hoch bis sehr hoch	je nach Herkunft bis 24° C

Besondere Ansprüche	**Verwendung im Aquarium**	**Bewertung**
nicht zu warm halten	Vordergrundpflanze	im Tropenaquarium meist nicht sehr ausdauernd
reichliche Frischwasserzufuhr günstig	nur in größeren Aquarien, in Gruppen pflanzen	dekorativ und haltbar
sehr anpassungsfähig	recht vielseitig, Einzeltriebe und Pflanzengruppen	sehr empfehlenswert, wüchsig und dekorativ
anspruchslos	meist als Pflanzengruppe, für Aquarien jeder Größe	bewährte und schöne Art
Dauerkultur nur bei optimalen Lichtverhältnissen	als dekoratives Schwimmgras im „Offenen Aquarium"	interessantes, wüchsiges Schwimmgras, unter Aquarienbedingungen nicht immer ausdauernd
relativ anspruchslos, nicht im Blattschatten anderer Pflanzen halten	frei treibend unter dem Wasserspiegel oder in kleinen Gruppen	zierlich wüchsige, empfehlenswerte Stengelpflanze
wachsen besser bei halbaufgetauchter Kultur, *L. ovata* benötigt hohe Aquarien, wenn submers kultiviert	*Lagenandra ovata* im Aquarium vorzugsweise als Solitärpflanze	dekorative, amphibisch wachsende Pflanzen, sehr gut haltbar im Aqua-Terrarium
sehr lichtbedürftige Bodenpflanze	rasenartig wachsend, für den Vordergrund	nach Eingewöhnung gut wüchsig
direkt unter Leuchtstofflampen gut wüchsig	kleine, frei treibende Schwimmpflanzen	bewährte, verhältnismäßig anspruchslose Schwimmpflanze
möglichst volles Oberlicht und kurzer Lampenabstand	*L. sessiliflora* besonders schöne Gruppenpflanze	sehr dekorative Arten, empfehlenswert
volles Licht, keine zu flachen Behälter	in Gruppen pflanzen, auch für temperierte Aquarien	wächst relativ langsam
anpassungsfähig, jedoch möglichst nicht zu warm halten	in Gruppen, auch für temperierte Becken	wüchsig, bewährt, empfehlenswert
Bodenpflanze, Abschattung vermeiden!	als geschlossener Vordergrundrasen	nach Eingewöhnung gut haltbar
möglichst weiches, leicht saures Wasser verwenden	kleine Bestände im Vordergrund	eine besonders zierliche Pflanze, die aufmerksamer Pflege bedarf
nicht einpflanzen!	als Schmuckpflanze an Moorkienholz usw.	ausdauernder Farn
Arten der gemäßigten Zone, nicht zu warm halten	ergibt außerordentlich dekorative Pflanzengruppen	wüchsig, richtige Artenauswahl wichtig (s. Text)

Seite	Wissenschaftlicher Name	Deutscher Name	Herkunft	Lichtbedarf*	Temperatur
92	*Najas guadalupensis* (*N. microdon*)	Feinzähniges Nixkraut	Tropisches Amerika	hoch	20–28° C
136	*Nuphar*-Arten	Teichrosen		hoch bis sehr hoch	16–24° C
X 137	*Nymphaea lotus*-Gruppe (submers kultiviert)	„Tigerlotus"	Tropisches Afrika	hoch bis sehr hoch	um 25° C
155	*Nymphaea*-Arten und Hybriden (als Schwimm-blattpflanzen kultiviert)	Tropische Seerosen	Afrika, Südasien	sehr hoch bis extrem hoch (Tageslicht)	um 25° C
139	*Nymphoides aquatica*	„Unterwasser-Banane"	Nordamerika	sehr hoch	20–24° C
157	*Nymphoides humboldtiana*	Südamerikanische Seekanne	Tropisches Amerika	extrem hoch (Tageslicht)	22–28° C
159	*Pistia stratiotes*	Muschelblume, Wassersalat	Tropen-gebiete, weltweit	sehr hoch bis extrem hoch	20–30° C
93	*Proserpinaca pectinata*	Kammblatt, Wasserkamm	Nordamerika (östl. USA)	sehr hoch	16–22° C
159	*Reussia rotundifolia*	Rundblättrige Reussia	Tropisches Amerika	sehr hoch bis extrem hoch	22–28° C
148	*Riccia fluitans*	Teichlebermoos	Weltweit	hoch	14–26° C
94	*Rotala macrandra*	Indischer Rotweiderich	Indien	sehr hoch	um 25° C
95	*Rotala rotundifolia*	Rundblättrige Rotala	Südostasien	hoch	22–26° C
95	*Rotala walichii*	Wallich's Rotala	Südostasien	sehr hoch	um 25° C
140	*Sagittaria graminea var. platyphylla*	Breitblättriges Pfeilkraut	Nordamerika	hoch	16–24° C
140	*Sagittaria subulata*	Pfriemliches Pfeilkraut	Nordamerika	hoch bis mäßig	15–26° C

Besondere Ansprüche	Verwendung im Aquarium	Bewertung
keine	vielseitig, meist frei treibend gehalten	außerordentlich schnellwüchsig
möglichst hoher Wasserstand	Solitärpflanze, wird sehr groß, deshalb nur für Becken ab 100 Liter	sehr dekorativ, in der Haltbarkeit unterschiedlich
genügend Freiraum und ungehinderter Lichteinfall	als farbenprächtige Solitärpflanze im Blickpunkt des Aquariums	eine der schönsten und besonders empfehlenswerten Solitärpflanzen
Blütenbildung nur mit Hochdrucklampen, besser Tageslicht, nicht zu hoher Wasserstand	Einzelpflanzung, im Kulturgefäß, Schwimmblätter schmälern Licht für andere Pflanzen!	sehr anspruchsvolle, wegen der prächtigen Blüten jedoch außergewöhnlich schöne Schwimmblattpflanzen
Pflanzen müssen wurzeln können	wegen der Rhizome eine interessante Erscheinung im Vordergrund	im Aquarium keine sehr wüchsigen Pflanzen
extrem hoher Lichtbedarf, Tageslicht (Sonne)	kleine Schwimmpflanze mit wenig Raumbedarf	sehr zierliche Art mit dekorativen Blüten, doch recht anspruchsvoll
Luftstagnation unter Deckscheiben vermeiden, Wasserdüngung (Eisen) wichtig	frei treibend an der Wasseroberfläche, besonders dekorativ in „Offenen Aquarien“	beliebte und dekorative Schwimmpflanze, Anpassungsform nach Eingewöhnung meist sehr wüchsig
nicht zu warm halten! volles Oberlicht!	zierliche Vordergrundpflanzen	eine dekorative Stengelpflanze, jedoch nicht immer ausdauernd
sehr anspruchsvoll im Lichtbedarf (Hochdrucklampen, Tageslicht)	Schwimmpflanze mit eintauchenden Wasserwurzeln	blühwilliger als die Wasserhyazinthe, relativ anpassungsfähig
häufiger Wasserwechsel, veralgte Teile sofort entfernen	frei unter der Wasseroberfläche treibend, als Laichsubstrat	altbewährt und leicht zu kultivieren
möglichst geringer Lampenabstand	außerordentlich dekorative Gruppenpflanze	wüchsig, sehr schöne Blattfärbung, verzweigt sich gut
keine	Gruppenpflanze, auch für kleinste Behälter	wüchsig und anspruchslos
weiches, saures Wasser ist obligatorisch	durch die haarfein wirkende Blattstruktur eine reizvolle Gruppenpflanze	besonders anspruchsvoll und auf die Dauer oft heikel in der Pflege
kein extrem weiches Wasser	recht vielseitig, hauptsächlich als Hintergrundpflanzung	bewährt, ausdauernd
kein extrem weiches Wasser	sehr wirkungsvolle Gruppenpflanze, niedrige Form auch im Vordergrund	einfach zu pflegende, beliebte Aquarienpflanze

Seite	Wissenschaftlicher Name	Deutscher Name	Herkunft	Lichtbedarf*	Temperatur
160	*Salvinia*-Arten	Büschelfarne	Tropische Gebiete	sehr hoch bis extrem hoch	22–28° C
141	*Samolus valerandi*	Salzbunge	Weltweit	sehr hoch	14–20° C (max. 25° C)
143	*Saururus cernuus*	Eidechsenschwanz	Nordamerika	hoch	16–24° C
96	*Shinnersia rivularis* (*Trichocoronis rivularis*)	Mexikanisches Eichenblatt	Mexiko	sehr hoch	20–24° C
143	*Vallisneria*-Arten	„Vallisneria" Sumpfschraube	Subtrop. bis trop. Gebiete, weltweit	hoch	16–25° C
144	*Vallisneria americana var. biwaensis*	Schrauben-Vallisnerie	Südostasien	hoch	20–26° C
145	*Vallisneria americana* (*V. „gigantea"*)	Riesenvallisnerie	Neuguinea Philippinen	hoch	20–28° C
149	*Vesicularia dubyana*	Javamoos	Indonesien, Philippinen	mäßig	20–30° C

* *Angaben zum Lichtbedarf*: Für den erforderlichen Lichtbedarf kann man die Faustregel Watt/Liter (installierte Leistung/Aquarienvolumen) als Annäherungswert zugrunde legen. Danach

Diese Werte stellen lediglich ungefähre Richtlinien dar und beziehen sich in der Regel auf optimale Wuchsleistung unter Kunstlichtbedingungen. Normalerweise reicht die Anpassung vieler Arten auch noch für akzeptable Wuchsleistung in der nächst niedrigeren Kategorie. Selbstverständlich ist auch die Art der Lichtquelle bei der Bemessung von Bedeutung. So kann z. B. bei Leuchtstofflampen mit Spezialreflektoren die Wattleistung wesentlich geringer (bis 40% weniger) angesetzt werden. Entscheidend ist ferner die Wassertiefe, d. h., es muß z. B. bei rasenbildenden Arten in der Bodengrundebene noch ausreichende Lichtintensität zur Verfügung stehen. Für weniger lichtbedürftige Arten, wie manche Cryptocorynen, läßt sich dann durch gezielte Abschattung mit Wasserhornfarnen (Seite 152) ein günstiges Lichtklima schaffen. Zu

Besondere Ansprüche	Verwendung im Aquarium	Bewertung
vor Tropfwasser schützen, Hochdrucklampen	Schwimmpflanze z. B. für „Offene Aquarien“	empfindlich, im Aquarium kleinwüchsig
möglichst kurzer Lampenabstand	dekorative Vordergrundpflanze	für temperierte Aquarien nicht immer ausdauernd
keine	vielseitig, sowohl Einzel- wie Gruppenpflanzung	dekorativ, leicht kultivierbar, empfehlenswert
nicht zu warm halten, Bestände laufend verjüngen (Stecklinge)	u. a. als Gruppenpflanzung im Mittelgrund	sehr wüchsige, leicht zu kultivierende Aquarienpflanze
anspruchslos	Gruppenpflanzung, durch Ausläufer dichte Bestände bilden	altbewährte Aquarienpflanze, sehr haltbar
volles Oberlicht und kein zu dichter Wuchs	vielseitg, je nach Größe des Aquariums meist Einzelpflanzung oder kleine Gruppen	wegen der stark gedrehten Blätter besonders dekorativ
nur für sehr hohe und große Aquarien	als geschlossene Hintergrundpflanzung	unproblematisch in der Kultur
an Steinen oder Moorkienholz verankern	büschelweise im Vorder- und Mittelgrund	ungemein anpassungsfähiges und sehr zierliches Wassermoos

entsprechen: Lichtbedarf *mäßig = 0,5 Watt/Liter*, Lichtbedarf *hoch = 0,7 Watt/Liter*, Lichtbedarf *sehr hoch = 1,0 Watt/Liter*, Lichtbedarf *extrem hoch = über 1,0 Watt/Liter* bzw. Tageslicht.

beachten ist ferner, daß jede Temperatursteigerung auch eine Erhöhung der Lichtintensität erfordert. Viele Schwimmpflanzen benötigen eine extrem hohe Beleuchtungsstärke, wie sie nur mit Hochdrucklampen und Spezialreflektoren erreichbar ist, ratsamer ist dann meist eine Kultur bei Tageslicht (Sonne) (siehe Textangaben).

Oft muß man mit den gegebenen Beleuchtungsverhältnissen vorlieb nehmen (Einbauleuchten usw.). Hier gilt es zu erproben, welche Arten unter den gegebenen Lichtverhältnissen am jeweiligen Standort guten Wuchs zeigen. Beim Kauf von Leuchten auf hohe Lichtleistung achten. Bei Hochdrucklampen ist Metall-Halogenlampen der Vorzug zu geben.

INDEX

nach deutschen Pflanzennamen

Gerhard Brünner wurde 1926 in Hamburg geboren. Als Zehnjähriger fühlte er sich über die Goldfische unwiderruflich zur Aquaristik hingezogen. Sein Interesse galt den Kindern Floras und zwar insbesondere den Wasserpflanzen, auch seinen Beruf wählte er in ihre Nähe. Er ist seit über 30 Jahren am Institut für Angewandte Botanik an der Universität Hamburg als Präparator tätig. Die im Botanischen Garten gelegene Arbeitsstätte gab ihm willkommene Gelegenheit, sich dem Studium der Wasserpflanzen zu widmen.
Bekannt wurde Gerhard Brünner durch das 1953 in Braunschweig erschienene Buch „Wasserpflanzen" und dann durch seine im Kosmos-Verlag Stuttgart erschienenen erfolgreichen Bücher, die in viele Sprachen übersetzt wurden. Für sein 1969 im Tidskriften Akvariet Verlag in Schweden herausgegebenes Wasserpflanzenbuch erhielt er 1970 von den schwedischen Aquarianern als beliebtester Fachautor des Jahres einen „Oscar".
Was Gerhard Brünner auszeichnet, ist die Tatsache, daß er stets aus eigener Erfahrung, aus der Praxis als Aquarianer spricht und dem Leser keine von ihm nicht vorher kritisch durchdachten und erprobten Theorien auftischt. Alle seine Angaben sind zuverlässig und können unbesehen übernommen werden.

Peter Beck wurde 1935 in München geboren. Schon im Kindesalter schlugen ihn Aquaristik und Terraristik in ihren Bann. So hat er denn auch diese Hobbys zu seinem Beruf gemacht. Als langjähriger Prokurist der Firma Zoomedica Frickhinger hat er sich umfangreiche Spezialkenntnisse, gerade auf dem Sektor der Wasserpflanzenkunde und Zierfischkrankheiten, erworben. Die Devise „Nur die Natur kann uns die Lösung der anstehenden Probleme bringen" hat Peter Beck auf zahlreiche Reisen in die Ursprungsländer der Zierfische und Pflanzen nach Asien, Südamerika und Afrika geführt. Viele Veröffentlichungen in Fachzeitschriften haben ihn bekannt gemacht. Er ist viel beschäftigter Referent in Aquarienvereinen im In- und Ausland.
Herr Beck war viele Jahre lang bei den Tetra-Werken in Melle Leiter der Abteilung Aquaristikförderung und Fachhandelsbetreuung. Er ist nun selbständiger Fachhändler und ist beratend tätig.

Weitere Literatur über Aquarienpflanzen:

G. Brünner	:	Handbuch der Aquarienpflanzen, Arten-Auswahl-Pflege Kosmos Handbuch, Kosmos Verlag, Stuttgart 1984
G. Brünner	:	Aquarienpflanzen, 8. erweiterte Auflage, Kosmos Verlag, Stuttgart 1983
G. Brünner	:	Pflanzen im Aquarium – richtig gepflegt, 5. Auflage, Kosmos Verlag, Stuttgart 1982
K. Horst	:	Pflanzen im Aquarium, Eugen Ulmer Verlag, Stuttgart 1986
N. Jacobsen	:	Cryptocorynen, Kernen Verlag, Stuttgart 1982
N. Jacobsen und V. Hancke	:	Aquarienpflanzen, BLV Verlag, München 1979
B. James	:	Aquarienpflanzen, Tetra Verlag, Melle 1988
H. Mühlberg	:	Das große Buch der Wasserpflanzen Werner Dausien Verlag, Hanau 1980
K. Paffrath	:	Bestimmung und Pflege von Aquarienpflanzen Landbuch Verlag, Hannover 1978
K. Rataj und T. Horeman	:	Aquarium Plants, T. F. H. Publications, Neptun City 1978
I. Scheurmann	:	Wasserpflanzen im Aquarium, Gräfe und Unzer Verlag, München 1987
A. Wendt	:	Die Aquarienpflanzen in Wort und Bild Kernen Verlag Stuttgart, ab 1952 (mit Fortsetzungen)
H. C. D. de Wit	:	Aquarienpflanzen, 2. Aufl., Eugen Ulmer Verlag, Stuttgart 1990
Zeitschriften	:	AQUA-PLANTA, Informationsschrift des VDA-Arbeitskreis Wasserpflanzen, jährlich 4 Hefte (Geschäftsführer: G. Eggers, Industriestr. 86, 4044 Kaarst)
		TI-international (mit Beitrag TI-Wasserpflanzen) erscheint zweimonatlich, Tetra Verlag, Melle

Bildnachweis

Beck, Peter	Titel, Vor- und Nachsatz, 10, 11, 13 (1–3), 14 (1–3), 15 (1–2), 16 (1–4), 17 (1–3), 18 (2), 19 (1–2), 20 (1–3), 21 (1–2), 22 (1–2), 23 (1–3), 24 (1–3), 25 (1–3), 26 (1–2), 27 (1–3), 28 (1), 29 (1–2), 30 (1 + 3), 31, 32 (1–3), 33 (1–2), 34 (1–2), 35 (1–2), 36 (1–2), 37 (1–3), 38 (1–3), 39 (1–3), 40 (1–3), 42, 43, 44, 45, 46, 49, 51 (2 ×), 54, 55 (5 ×), 57 (mi re + li), 67, 68, 156 (ob li)
Brünner, Gerhard	6, 8, 18 (1), 47 (2 ×), 52, 57 (ob li), 59, 60, 65 (li), 71, 72, 73, 77, 78 (2 ×), 79 (re), 80 (2 ×), 83, 84, 85, 87 (4 ×), 88, 89 (ob. re), 90, 91 (2 ×), 92 (re), 93 (re), 94 (re), 95, 99 (2 ×), 99, 100, 101 (4 ×), 102 (3 ×), 103 (unt), 104, 106 (li), 107, 108, 111, 112, 113, 114, 115, 118, 119 (li), 122, 123, 125 (Pflanze), 127, 128, 130, 131, 132 (li), 133, 134 (re), 135 (2 ×), 136, 137 (li), 138, 139, 141 (2 ×), 142, 143 (2 ×), 147, 149, 150 (2 ×), 153, 154, 155, 156 (unt), 157, 158, 160, 161, 162, 165, 169 (2 ×), 170 (2 ×), 171 (2 ×), 173
Elias, J.	103 (ob), 106 (re)
Frickhinger, K. A.	61 (2 ×)
Horst, K.	19 (2), 30 (2)
Kahl, B.	74 (Pflanze), 148 (re), 152
Paffrath, K.	41, 53, 57 (ob re, unt re + li), 63 (2 ×), 64 (2 ×), 65 (re), 70 (2 ×), 75, 76, 79 (li), 81, 82 (Pflanze), 86, 89 (unt li), 92 (li), 93 (li), 94 (li), 105, 116, 117, 119 (re), 120, 124, 125 (Blüte), 126, 132 (Blüte unt re), 134 (li), 137 (re), 140, 144, 145, 148 (li), 156 (ob re)
Sluyter, P. A. D.	82 (Blüte)
Tetra Archiv	4. US., 9, 66 (R. Tscheschner)
Zukal	74 (Blüte)